JN110777

ことばを あつめて

ある幼稚園の図書室のおはなし

佐藤聖子
SATO TAKAKO

幻冬舎 MC

ことばをあつめて

――ある幼稚園の図書室のおはなし――

はじめに

この本は、子どもに関わっている人、関わる予定の人、そして、かつて子どもだった大人にも、ことばの大切さと、ことばとつながることの大切さをお伝えできればと思い書きました。また、私の経験したことが誰かにとって何かお役に立てたらと思います。

この本は、ある幼稚園の図書室で絵本の読み聞かせをしていた経験をもとにしています。そのため、保育園や幼稚園の先生、小学校の先生、また、子どもに関わる仕事を目指している高校生や学生の方々にとって、絵本を選ぶ際の参考にしていただければと思います。

加えて、この本は、図書室にやってくる子どもたちの様子や、おはなし会が終わったあとに担任の先生から教えていただいた子どもたちの反応を記録した「図書室日記」と「図書室だより」をもとにしています。そこから、子どもたちの素直なことばの数々に触れていただけると思います。ことばとつながることの大切さについて考えていただければ幸いです。

今、私たちは、毎日どんなふうにことばとつながっているのだろうと思います。たくさんの出来事やたくさんの情報があふれる中、素直な感動をことばで表現できているのだろうかと不安になることもあります。

でも、子どもたちのことばは素直です。絵本の中の登場人物を自分たちの素直な気持ちで受け入れています。また、図書室の中の様々な出来事にも目を向け、自分のことばで表現してくれます。

大人である私たちも、普段見逃してしまいそうな小さなことに目を向けてみれば、素直なことばでその感動を表現できるのではないかと思います。

ことばとつながってみると、自分のまわりのすべてのものがいとおしく見えてきます。そして、そんなことばを誰かに伝え、ことばとことばで誰かとつながってみると、私はひとりで生きているのではないことを実感します。

この本を読んでくださっている方の中には、きっと色々な手段で感動をことばとして発信している方がいるかもしれません。そこで私も、本を書くという方法で、自分のことばで感動を伝えることにしました。

そんなことを考えながら、この本をはじめることにします。

佐藤聖子

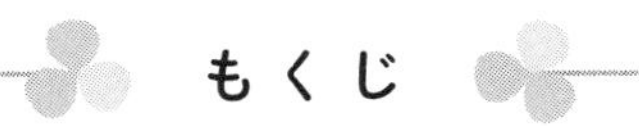

もくじ

幼稚園の図書室が
はじまった

しょうたいじょう

あした（きんようび）から、
ほんのへやがはじまります。
ほんをよみたいひと、よんでほしいひと、
おはなしをききたいひと、
みんな、きてください。
“あさ”と“おひる”にあいています。

ほんのへやのおばさんより
19××ねん　11がつ　○にち

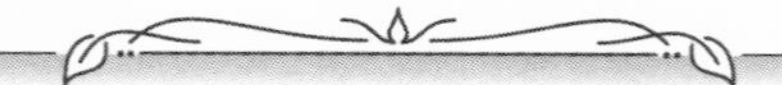

図書室はこんな招待状からはじまった。
みんな来てくれるかなあ。

11月6日（金）

朝、8時40分頃には、年長さんが4、5人図書室へ入ってきた。

そのうちに、どんどん部屋中がいっぱいになって、あちらこちらで、みんな思い思いに本を読んでいる。

1人の年中さんが「この本読んで」と絵本を持ってきてくれたのをきっかけに、部屋のすみでおはなし会がはじまった。『どろんこハリー』[1]『こぶたのぶーぶ』[2]『バーバパパのいえさがし』[3]『ピノキオ』[4]を読んだ。4冊続けて聞いている子もいた。

午後は5、6人の年長さんの女の子と一緒に過ごした。「ついでにペロリ」[5]という素話[6]をした。

普段は開いていない幼稚園の図書室。

きっとみんなうれしかったのだろうなあ。

本を読まずにふざけている子もいる。

さあ、どうしようか。とりあえず、様子を見ることにした。

「今日だけ来るの？」と聞かれたので「ずーっと来るよ」と言うと、1人の男の子が「まーちゃんのお母さんは来ないの？」と言う。きっと他のお母さんにも来てほしいのだろうなあ。

図書室の最初の日はこんな感じではじまった。

11月7日（土）

朝、９時から図書室を開けた。50人くらい来てくれた。

１人で本を読む子、本を持って来る年中さんなど。

ある年中さんが「ぼくの読みたい本がない、わからない」と言いながら『くだもの』[7]の本を持って来て、私のとなりでずっと読んでいた。

ある年中さんは、私のところへは来ずに、図書室の真ん中あたりにある机で本を読んでいた。私を見つけて手を振ってくれた。何となく大人っぽく見えたのはどうしてだろう。あとで担任の先生にその話をすると、彼女は１人でじっくりと読むのが好きなんだそうだ。

今日は土曜日。午前中で終わりの日。

帰りがけに園長先生から「図書室では静かにしましょう」という方向付けをしてくださいと要望を受けた。

幼稚園児であっても、当たり前のことを当たり前にできるのは、大切なこと。

そんなことを思った。

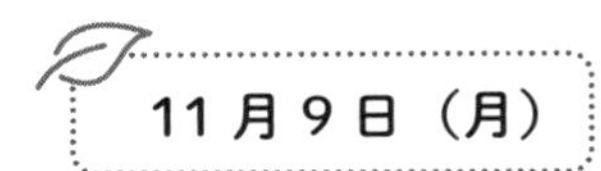

11月9日（月）

今日は晴天のとっても気持ちの良い日。

朝、園長先生に「今日は気持ちの良い日なので、外へ出るようにうながしてもよろしいでしょうか？」と聞くと「じゃあ、テラスで絵本を読んでみてはいかがですか」と言っていただいたので、椅子と本を持ってテラスへ出てみた。

まだ担任の先生が来ていないので、園庭では遊べないのだそうだ。

みんな外靴に履き替えていても、テラスで思い思いの本を読んでいた。

女の子５人が「本読んで」と言うので、昔話の『さるとかに』[8]を読んだ。そのあと、また、１人が「読んで」と言うので、同じ本を読んだ。

「こんな気持ちの良い日は、外で遊ぼう！」そんなことを思った。

午後は、女の子３人と男の子１人が来てくれた。
「今日から静かな部屋だよ」と言うと「知ってるよ」と静かに本を読んだり、その辺にいる小さな虫をさわったりして遊んでいた。

11月10日（火）

朝、今日は15人くらい来てくれた。年少さんも来てくれた。
年中さんの男の子が「この本読んで」と持ってきたので、じゃあ、みんなで読むよと態勢ができた時「○○くん!!」と先生が呼びに来た。
できればそおっと呼びに来てほしかったなあ、と思った。何があったのかなあ。

年中さんの女の子。「今日ね、赤ちゃんが手術するの」と言う。聞くと色々なところが悪いらしい。
少ししてから、さっき先生に呼ばれた男の子が図書室に来てくれた。でも、私のところには来なかった。その代わり、部屋の端の方でさっきの女の子と話をしていた。きっと手術する赤ちゃんの話をしていたのだろうなあ。
でもそのおしゃべりが先生に見つかってしまった。２人は

「出ようか」と言って外へ出ていった。

もちろん図書室で静かにすることは大事だけれど……。

不安な気持ちを抱えている子のそばにいてあげたい、と思うのだけれど……。

午後からは交流保育があったが、10分くらいだけ開けることができた。

5、6人の女の子が来てくれた。

まどみちおさんの詩『THE MAGIC POCKET　ふしぎなポケット』[9]を読んだ。

はじめての
おはなし会のはなし

11月13日（金）

今日、年長さんは市立図書館へ行く日だ。

幼稚園から歩いて行ける距離に市立図書館があって、年長さんになると、１人ずつ図書カードを作って、図書館で本を借りるようになるのだ。

幼稚園の中には、年中さんと年少さんが残る。

そんな中、今日は年少さんのクラスではじめてのおはなし会をすることになった。

おしらせ

きょうは〇〇くみのおはなしかいです。

ほんのへやのおばさんより

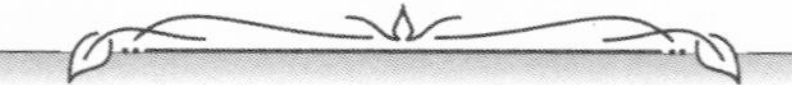

図書室のドアに貼られた「おはなしかい」の貼り紙を見つけた年長さんは「これなあに？」と立ち止まっている様子だ。

興味津々で通っていく、子どもたちの反響がとても楽しい。

字の読める子は
「おはなしかいだって」
「ふうん、はいっちゃいけないんだね」
それぞれ友だちと話している。
中には「ぼくたちはいつなのかなあ」
ちょっぴり不安げな年長さんの声も聞こえてくる。

ちいさな貼り紙なのに、子どもたちにとってはとても大切な貼り紙なんだなと思った。

はじめてのおはなし会は年少さんのクラス。全員で14名。
図書室へは、担任の先生を先頭にして廊下を一列になって歩いてきてくれる。図書室の扉の前でお迎えをすると、１人ずつ「こんにちは」「さとうさん、こんにちは」ときちんとあいさつをしてくれる。そして、子どもたちは図書室に入ると、図書室の端にあるおふろのような丸いくぼみの中に入っていく。全員座り終わったら、おはなし会ははじまる。15分から20分くらいのおはなし会だ。

年少さんクラスには、まず自己紹介もかねて「名前」をテーマにしておはなしをした。「わたしのなまえはさとうたかこです。さとうといってもおさとうじゃないよ」と言うと、みんな色々な反応を返してくれた。「よろしくおねがいします。それでは、みんなのなまえをよぶのでへんじをしてくださいね」と言って、担任の先生からいただいた名簿をもとにみんなの名前を読み上げた。

それから『三びきのやぎのがらがらどん』[10]を読む。

この絵本のはじまりも三びきのやぎの名前の紹介からはじまる。

みんな楽しんでくれたかなあ。でも、あっさりとおはなし会は終わりにする。感想は聞かない。おはなしの世界で遊んでいてほしいからだ。

11月16日（月）

「やぎさんよんで」と年少さんがやってきた。この間の金曜日のおはなし会で読んだ『三びきのやぎのがらがらどん』を読んでほしいと言う。図書室には置いてなかったので「お昼にね」と言ってから、年長さんが持って来てくれた『ちいさなねこ』[11]を読んだ。

数日経っても、年少さんであっても、がらがらどんの絵本は子どもの中で「やぎさん」のおはなしになったのだと思うと、うれしかった。

11月25日（水）

年中さんクラスのおはなし会。

色々と考えた結果、やはり名前から入ることにする。年少さんクラスよりも人数が多いので、名簿の名前を超特急で読み上げた。

年中さんには、川崎洋さんの詩「なまえのうた」[12]と『三びきのやぎのがらがらどん』の絵本を読むことにした。

詩のほうは、ことばが短くて、内容を想像するのが難しかったのかな。少しざわざわしてしまった。でも、子どもたちの心に何か響いていればいいなあ、と思った。

『三びきのやぎのがらがらどん』は静かにしっかりと聞いていた。読んでいる途中で「さとうさん、なんかあやしい」だって。何かあやしげな読み方をしたのだろうか？

読み終えると「えーっ、もうごほんおしまい？」という子もいた。

きっと集中して聞くことができていたんだね。

絵本の力ってすごいな、と思う。

11月30日（月）

年長さんクラスのおはなし会。

今回もまた自己紹介から入った。それから年中さんクラスと同じ、川崎洋さんの詩「なまえのうた」と『三びきのやぎのがらがらどん』の絵本を読んだ。年中さんとどんなふうに反応が違うのかなあ、と楽しみにしていたが、「なまえのうた」の詩はやはり内容を理解できていたようだ。一年違うだけでこんなに反応が違うのだと実感した。頼もしいなあと思った。

『三びきのやぎのがらがらどん』もみんな静かに聞いている。

絵本ってすごいなあ、と思った。

はじめてのおはなし会は、こうやって終わった。

＊＊＊＊＊＊

緊張していたからだろうか、図書室日記にはどんな本を読んで様子はどうだったのかということだけが簡単に書かれていた。

でも「みんなちゃんと聞いている。絵本の力ってすごい」というのは共通した感想だ。みんなでおはなしの世界で遊ぶことができていたのであれば、それはとてもうれしいことだ。

けれども、いつもおはなし会は大成功、というわけではない。

ざわざわしたりして、集中していないこともある。

座っているところに紛れ込んだ虫が気になってしまうこともある。

あっけなく終わってしまう絵本の時は、みんな「ぽかん」としている時もあるし、「けっ！　つまんねえ」なんて言う子もいる。

でも図書室の前で「おれ、なかにはいりたいんだけど、まだだめ？」と聞いてくる子もいる。

それらすべてひっくるめて、子どもたちと絵本とつながっているなあと思う。

とても贅沢な図書室の日々だ。

もう一つ。

年中さんと年長さんのおはなし会で読んだ川崎洋さんの詩「なまえのうた」のこと。

この詩は、ことばパフォーミング・アーティストのはせみつこさん[13]が選んだ詩のアンソロジーの中に入っている。この詩集には川崎洋さんの他、谷川俊太郎さん、まどみちおさん、工藤直子さんなどが書いた楽しい詩が満載だ。

おはなし会で読んだ時、難しかったのかなあ、と日記に書いていたのだけれど、もっと子どもたちとことば遊びを楽しめば良かったのかもしれない。

はせみつこさんは、その詩集のおわりにこんなことを書いている。

――この本のおいしい食べ方についての〈よけいな〉ひとこと――

この本の読み方でも楽しみ方でもなく、おいしい食べ方。

詩は読むというよりも思わず「口がうごいてしまう」ものなのだと言う。

なぜそう思ったのかというと、子どもたちにとって「詩」は「詩」ではなく「し」という音であり、「し」という音から連想すること、知っていることをたくさんことばで表現したという。

　はせさんは〈ことば〉とは〈音〉だということに子どもを通じて気づいたのだと。

　私もことばを「意味」だけでなく、「音」としてもっと楽しみたいと思った。

図書室のお楽しみ

さて、この図書室では絵本を読むだけでなく、色々な楽しみがあった。

たとえば、マトリョーシカ人形が図書室にあった。中に人形が入っていることは知っているけれど、どんな風に入っているのか見たことがない。園長先生に「開けてもいいですか？」と思い切って聞いてみた。すると「いいですよ」と言っていただいたので、子どもたちと一緒に中に入っている人形を次々と全部取り出して、並べてみたことがある。絵本を読むよりも、こちらの方が楽しくて、しばらくマトリョーシカ人形遊びが続いたことがある。

ある日、大人気のマトリョーシカ人形遊びはおはなし会の直前まで繰り広げられていて、机の上に全部出したままになっていたことがある。そのため、おはなし会では、まず、机の上にあるマトリョーシカ人形のことを紹介することになった。めったに見ることのできないのだもの。これはこれで良かったと思う。

片付けはめぐちゃんと約束をしていたのでそのことも告げておいた。すると、おはなし会が終わってから「ほら、めぐちゃんにやらせてあげなよ」と男の子が言ってくれる。そういう心が育っているのだと、子どものことばに感動した。

お帰りの準備には遅れてしまっためぐちゃんだけれど、担任の先生から「最後まで片付けることは大切なことです」と言ってもらえた。ほっとした。

それから、14ひきのシリーズ[14]のジグソーパズルを旅先で見つけたので、みんなで遊ぼうと思って図書室に持っていったことがある。その時、毎日のように、色々な子が入れ替わり立ち代わり「パズルありますか？」と言って図書室にやってきていた。

数人で一生懸命やりはじめる。でも、お帰りの時間になると、ちゃんとパズルを片付けはじめる。逆に、どうしてもうまくパズルができなくって、お帰りの時間が迫ってきて「あと２分だけね」と告げて時間切れになることもあった。

マトリョーシカ人形もパズルも、みんな大好きで、しばらく色々なメンバーが図書室にやってきていた。

図書室にみんなが来てくれるのはうれしかった。でも、このまま絵本から離れて遊びの空間になってしまうのだろうか、と悩んだことがある。

図書室が目指していたのは何だったんだろう。

図書室やおはなし会は、絵本や本を好きになってもらうためだけにはじめたのだろうか。

ただ、担任の先生方に迷惑かけているとしたら、各クラスに何か悪い影響を与えているとしたら、それは正さなければならないと思った。そこで、先生方に相談をしてみた。

先生方からのお返事は温かかった。

クラスの方で悪い影響というのはないということ。保育室と図書室は別の空間として子どもたちが過ごしているように思うということ。本を読まなくても、本がある環境にいるだけで、自然と本を身近なものに感じるのではないかということなどなど。ただ「楽しい中の約束」のことはクラスで話をしているので、はめをはずしすぎるようなことがあったら教えてください、ということだった。

図書室の軸をしっかり持って、私もやっていかなければと思った。

もう一つ、忘れられない本以外のおはなし。

園長先生が図書室に「栗の実」や「どんぐり」や「からすうり」をいくつかずつ置いてくださったことがある。「栗の実」や「どんぐり」は見たことがあるけれど「からすうり」は私も見たことがないし、まして中がどんなふうになっているのかなど知らなかった。園長先生に開けていいですよ、と言われて、一つずつ開けてみることにした。

ある時、担任の先生が女の子と一緒にやってきた。赤い実のなまえを知りたいということだった。その実のなまえは「からすうり」だということ、その実の中には種があることを知って、納得して教室へ戻っていった。

それから、最後のからすうりを割ろうとした時のこと。小さな5mmくらいの虫がついていた。虫を外に放したあと、からすうりを入れていたカゴを片付けようとしたら、赤い小さなフンがたくさん落ちていた。「これなあに」と女の子。「虫のフンよ」と言うと「ふーん、きれいだね」「きっと、黄色い実をたべると黄色いフン、白い実をたべると白いフンをするのかもしれないね」と話が広がる。「うえーきたね」という男の子はそのやりとりを遠巻きに見ていた。

最近は「男の子」「女の子」を区別する見方はあまりしないのだろうけれど、私の出会ってきた幼稚園の子どもたちで、木の実に興味を持ったり、からすうりを割ったり、虫を楽しそうに見ているのは女の子のことが多かった気がする。

絵本選びのこと

普段図書室で子どもたちが自由に読んでいる時は好きなものを読んでもらいたい。

でも、おはなし会ではみんなが楽しんでくれる絵本を選びたい。

そのために私が心がけてきたことを書こうと思う。

まず、「おはなし会」で読むための絵本を選ぶということだ。そのために、遠くから見てもおはなしの内容が伝わってくる絵本を選ぶ。これは、集団への読み聞かせをする時の大きなポイントだ。

絵本を選ぶ時は、壁などに立てかけて、少し離れた場所に立って絵本を眺めてみる。サイズが小さな絵本も、大きな絵本も、絵を見るだけで、その絵本の場面の内容が伝わってくるものを選ぶことが大切だ。また、色使いによって、遠くからだと絵がよりはっきり見えるものがある。そういう絵本を見つけるのも楽しみの一つだ。

それから、慣れてくるまでは「自分の読みたい絵本」を選ぶのではなく「長く読み継がれている絵本」を選ぶ。なぜなら、「自分の読みたい絵本」が「みんなが楽しんでくれる絵本」だというわけではないからだ。「自分の読みたい絵本」

はあくまでも「自分の読みたい絵本」である。

そのために、色々なところから出版されている、色々な絵本のリストを参考にして選ぶのだ。それも、できるだけリストの中の順位が上の方のものを選ぶ。

そうやって絵本を選んだら声に出して読んでみることが大切だ。なぜなら、自分にとって、内容やことばの使い方などに得意分野、不得意分野があるからだ。声に出して読んでみて、ことばのリズムや内容が自分に合っていそうだな、と思ったら練習を繰り返す。

すると間違いなく、おはなし会は成功する。

さすがにリストに上がっている絵本だ。絵本選びの自信が自分の読む力をあと押ししてくれて、おはなし会を成功に導いてくれるのだ。

ただ、絵本のリストの上位に上がっているものでも、実際に子どもたちの前で読み聞かせをしてみないと、その良さが分からないものもある。

たとえば、色がとてもシンプルだったり、内容が難しそうに思えたり、長いものだったり。読むのを諦めそうになったこともある。けれども、やっぱりこの絵本は、子どもたちにとって大切な本なのだな、と思った絵本がたくさんある。あるいは、比較的新しいものだが、その絵本の世界が素敵すぎて子どもたちにどうしても読みたくなったものもある。もちろん、この時のおはなし会も大成功だった。

その中のいくつかを選んでお話ししたい。

『三びきのやぎのがらがらどん』

ノルウェーの昔話
絵：マーシャ・ブラウン
訳：せたていじ
出版社：福音館書店
初版年月日：1965年7月1日
対象年齢：読んであげるなら4歳から、
自分で読むなら小学低学年から

この絵本は、図書室をはじめるきっかけとなった俵万智さんの新聞のコラムの中に出てきた絵本だ。俵万智さんにとって『三びきのやぎのがらがらどん』はお気に入りの絵本だったそうだ。3歳の頃、まるごと暗唱していた一冊というのだから、相当お気に入りだったのだろう。

どんなところがお気に入りだったのだろう。コラムにはそのことについて何も書かれていなかった。

俵万智さんはどんなことを感じていたのだろう。実際に絵本を読んで知りたいと思った。この絵本は長く読み継がれているものでもある。あとは練習するだけだ。

ただ……この絵本は見た目があまり華やかではない。何色も色は使われているが暗めの色合いだ。子どもたちは喜んでくれるのだろうか。そんなことを思いながら練習をした。

そして、はじめてのおはなし会で『三びきのやぎのがらがらどん』を読んだ。少し緊張しながら読んだこの絵本は、私にとっても大切な一冊となった。見た目が華やかでないとか、色合いが暗いとか、そんなことは関係なかった。

この絵本は北欧民話がもとになっている翻訳絵本だ。登場するのは三びきのやぎだ。小さいやぎも、中くらいのやぎも、大きいやぎも、三びきともみんな「がらがらどん」という名前だ。三びきは食べ物の草を求めて一ぴきずつ山を目指す。けれども、その途中、岩場にいるトロルが行く手をふさぐ。三びきのやぎたちは山の草場までどうやってたどりつくのだろう。ドキドキするシーンが続く。

そして、クライマックスの場面。トロルが大きいやぎにやっつけられる。

子どもたちは「すごい……」と思わず息をのむ。

絵本の中の、小さいやぎは中くらいのやぎに、中くらいのやぎは大きいやぎに守られている。行く手をふさぐものをやっつけて、目指す山の草場へ行くことができたのだ。

この絵本の素敵なところは、どんな困難も克服していく、そういう勇気を与えてくれるということなのだろうか。

３歳の頃の俵万智さんはどんなことを感じていたのだろう。

『ぼくにげちゃうよ』

文：マーガレット・ワイズ・ブラウン
絵：クレメント・ハード
訳：岩田みみ
出版社：ほるぷ出版
発行日：1976年９月20日（初版は1942年）
対象年齢：２・３歳から

この絵本は、市立図書館の司書さんに教えていただいたものだ。出版されたのはとても古いけれど、ずっと読み継がれている絵本だ。表紙は青色をメインに白いうさぎとそよそよ揺れる草花が描かれている。

――あるところに、こうさぎがいました。あるひこのうさぎはいえをでて、どこかへいってみたくなりました。そこで、かあさんうさぎにいいました。「ぼくにげちゃうよ」すると、かあさんうさぎがいいました。「おまえがにげたら、かあさんはおいかけますよ。だって、おまえはとってもかわいいわたしのぼうやだもの」――

子うさぎと母さんうさぎのやりとりが続くおはなしだが、まるで追いかけっこをしているようだ。そのことばのやりとりがリズミカルで面白くて、私自身が楽しんで読み聞かせをした。そんな私のワクワクした気持ちが通じたのか、この絵本は、すべてのクラスに大うけだった。

その反応の様子は学年ごとにそれぞれ違っていて面白い。

年少さんクラス。

聞いている時はじっくりとおはなしに耳を傾け、読み終わってから「あーおもしろかった」という声が聞こえてきた。

年中さんクラス。

最後のシーンで「やっとつかまったね！」と男の子。

ああ、そうだね。つかまえられたんだ……。逃げることが楽しいだけでなく、つかまることも大切なんだ。男の子のことばにはほっとした気持ちが含まれていたように感じられた。今まで気づかなかったことに気づかされた。

そして年長さんクラス。

絵の楽しさに大喜び。ページをめくるたびに笑いが起きた。何がそんなに楽しいのだろう、というくらい大喜びだった。

読んでいる私もうれしくなった。

『島ひきおに』

文：山下明生
絵：梶山俊夫
出版社：偕成社
発売日：1973年２月
対象年齢：５歳から

この絵本は子どもたちの思いがけない感想に驚かされた絵本だ。

もとになったおはなしは、作者の山下明生さんが幼少期に過ごした、瀬戸内海の無人島に伝わる言い伝えだ。もとは引島と呼ばれていたそうで、鬼が引っ張ってきた島だから引島といったのだそうだ。

言い伝えでは島を引っ張ってきた鬼は、そこで力つきて死んだというのだが、作者の山下さんは「この鬼を死なせたくなくて、自分の空想のなかで、どこまでも海をあるかせました[15]」と絵本の「はじめに」で書いている。また「私の最初の心のうずきは、孤独だったと思います。だれにも遊んでもらえぬ昼さがり、泣いてかえる白い道——そして、今日までこの孤独と愛の問題をひきずりながら、『島ひきおに』のように歩きつづけてきたような気がするのです」とも書いている。

この作家の生涯のことを私は知らない。だから、このことばの深い意味は分からない。けれども、絵本を聞き終わった子どもたちは、そんな作者の気持ちをそのまま受け止めているように思えたのだった。

この絵本の鬼は島にひとりぼっちで寂しかった。だから、友達が欲しくて色々な人に声をかける。「おーい、こっちゃきてあそんでいけ！」

けれども、人々は島に寄りつかない。だから、鬼は島の底をけずり、太い綱でしばって、島を引っ張って海の中を歩いていったのだ。

作者のいう通りなら、きっとどこまでも島を引いて海を歩きつづけているだろう。

この絵本の対象年齢は５歳からとなっている。２月のおはなし会で読もうと思ったので、少し難しいかなと思いつつ年中さんクラスに読んでみた。

すると、意外にもみんな、きちんと聞いてくれたのだ。読んで良かったと思った。

読み聞かせたあとの子どもたちは「どうして、鬼は力持ちなんだろう」「うちにも鬼の本があるよ」「なんだかなつかしいね」という感想をつぶやいていたのだったが、あとから園長先生から聞いた話では「今日のおはなしおもしろかったよー」「つなひっぱるんだよー」と話してくれたそうだ。

大人がはじめてこの絵本を読むと、誰も遊んでくれない可哀そうな鬼の話だと思うだろう。その気持ちの中には、ひとりぼっちで寂しいという鬼の気持ちだけでなく、鬼を受け入れない人間たちにも焦点が当たっているのではないだろうか。そういう状況は可哀そうというとらえ方だ。

けれども、子どもは全く違う反応をした。目の前にいる島を引っ張っている鬼が「おーい、こっちゃきてあそんでいけ！」と言っている。そんな鬼に対して子どもたちはもしかしたら「へーきみって力持ちなんだね」「なんだかなつかしい気持ちがするんだけど、この気持ちはなんだろう」と声をかけているのかもしれないのだ。

年長さんクラスの担任の先生からはこんな話を聞いた。クラスに帰って子どもたちは「あそんであげればよかったのに」「かわいそうだったね」と話をしていたそうだ。それから、鬼の「おーい、こっちゃきてあそんでいけ！」ということばを繰り返して言って遊んでいたという。子どもたちは「いいよ、あそぼ！」と言ったのだろうか。島の人々と同じように、鬼のことばを聞かずに、目の前からいなくなることを望んだのだろうか。

鬼を怖いと言わない子どもたちのことばと「鬼を生きさせてやりたかった」という作者の気持ちは孤独とは別の感情でつながっているように思えた。

『ころころころ』

作：元永定正
出版社：福音館書店
初版年月日：1984年11月22日
対象年齢：読んであげるなら２歳から

『もけら　もけら』

文：山下洋輔
絵：元永定正
構成：中辻悦子
出版社：福音館書店
初版年月日：1990年11月30日
対象年齢：読んであげるなら２歳から、
　　　　　自分で読むなら小学低学年から

この２冊は、読み手の「ことばであそぶ力」が問われるかもしれない。

『ころころころ』は、色々な色をした小さな玉たちが「ころころころ」転がっていく。かいだんみち、あかいみち、さかみち、などなど、小さな玉たちが「ころころころ」と転がっていく。何種類もの「ころころころ」が登場する。子どもたちは、「けらけらけら」とよく笑う。

『もけら　もけら』は「もけらもけら」だけでなく、「もけ」とか「もけけ」「しゃばだば」とか、色々なことばたちが登場する。「もけらもけら」するのは不思議な……何かだ。これはなんだろう。

文を書いたのはジャズピアニストの山下洋輔さんだ。リズムを感じさせることばばかりだ。

どんなふうに読むと楽しいのだろう。みんなと楽しみたいな。

でも、読み手があんまりふざけすぎると、きっと聞いている方にはことばの楽しさが伝わらないかもしれないなあ。

でも、やっぱり楽しくことばあそびしたい。

ことばあそびの絵本は他にもたくさんある。

子どもたちとたくさん楽しみたいな、と思う。

『いたずらきかんしゃちゅうちゅう』

文・絵：バージニア・リー・バートン
訳：むらおかはなこ
出版社：福音館書店
初版年月日：1961年８月１日
対象年齢：読んであげるなら４歳から、
　　　　　自分で読むなら小学低学年から

この絵本の対象年齢は４歳からとあるが、全部で46ページあるので読み終えるのに10分程度かかる。だから絵本を読んでもらうのに慣れた頃に読むのが良いと思う。内容的にも３月の卒園や進級前の年度末に読むのが良いのではと思う。この絵本は主人公「ちゅうちゅう」の成長物語だからだ。

子どもたちは、生き生きとしたその絵に引き付けられる。身を乗り出して聞いている。

まず、表紙にはちゅうちゅうが勢いよく走っている様子が描かれている。

表紙を開くと、淡いきれいな色あいで街や畑や山が描かれていて、その中を、人々を乗せた機関車が走っている。次のページは見開きで真っ白い。

そして、次のページを開くと……表紙で走っていたちゅうちゅうが、人々を驚かせけむりを思いっきりはいて、むこうの方へ走っていく。

ここからは黒と白のみの色でおはなしが進んでいく。

何が起きるんだろう。

絵本のタイトルは『いたずらきかんしゃちゅうちゅう』だ。どんないたずらをするんだろう。

――あるところに、ちいさなきかんしゃがありました。なまえはちゅうちゅうといいました。まっくろくて、ぴかぴかひかっていて、きれいな、かわいいきかんしゃでした――

ちゅうちゅうは、客車に人をいっぱい乗せて、その後ろにある貨車には手紙や荷物をいっぱい積んで駅から駅へと走っていく。

ある日、ちゅうちゅうは考えた。

――わたしは、もう、あのおもいきゃくしゃをひくのはごめんだ。わたしひとりなら、もっとはやくはしれるんだ――

ちゅうちゅうはみんなに注目してもらいたくて、たったひとりで線路に立ち、機関士たちのいない間に出発する。

――ちゅうちゅう、しゅっしゅっ！　ちゅうちゅう、しゅっしゅっ！——

どんどん走っていく。

最初のうちは、元気よく走っているのだけれど、ちゅうちゅうは道を間違えて、迷子になってしまう。古い古い線路の上に座り込んでしまう。

ちゅうちゅうの、絞り出すような悲しい声。

でも、そんなちゅうちゅうは、機関士のジムたち、その他たくさんの人たちの協力によって助け出される。

少しだけ反省したかのようなちゅうちゅうだけれど……。

最後のページをめくると、白いページ、そして、淡いきれいな色あいで描かれた街や畑や山の中を機関車が人々を乗せて走っている。

成長しようとする子どもと、それを見守る大人。迷子になっても助けに行くよ。

そんなメッセージがこの絵本にこめられているように思う。

図書室のはじまり

さて、どうして、幼稚園にある図書室を開きたいと思ったのだろう。

今となってはもうはっきりしたことは思い出せないのだけれど、いくつか思い当たることはある。

この幼稚園には広い図書室があって部屋の中には大きな木の机と椅子が並んでいた。まわりの壁には絵本や写真集など色々な本があった。それから、図書室の端の方には、まるでおふろのような円いくぼみがあって、その円いくぼみに沿うようにして大きな窓があった。窓の外には、園庭に続く木々が植えられていて、晴れている日には木漏れ日が、雨の日には、葉を伝う雨のしずくが見えた。

こんなに素敵な図書室で、たくさんの子どもたちと一緒に、本を読む時間を過ごせたらどんなに楽しいだろう。でも、自分の子どもが卒園してしまったら、もうこの図書室には来られなくなってしまう。どうにか良い方法はないだろうか、と思っていた気がする。

それから、子どもが生まれてから幼稚園に行く前までのことも。

家のすぐ近くに市立図書館があって、毎日のように通って絵本を借りていた。自分の小さい頃は絵本を読んでもらった記憶がほとんどないので、子どもに絵本を読み聞かせていた、というよりは、子どもと一緒になって楽しんでいたような気がする。

絵本の世界は日常の世界とつながって、家の中で遊ぶ時、外遊びする時、晴れの日も、雨の日も、台風の時だって、楽しい時も、怖い時も、泣きたくなる時も、広い大きな気持ちの中で過ごすことができたように思う。

もう一つ。

当時、NHK教育テレビで「あいうえお」という番組が放送されていて、ことばパフォーミング・アーティストのはせみつこさんのことばと遊んでいる姿がとても楽しそうだった。はせさんの「ことばで人と人をつなげたい」ということばは、私の大切な宝物になっていた。

そんなことばにまつわる色々なことを考えていた時に、新聞のある記事を見つけた。

歌人の俵万智さんのコラム[16]だ。

「『本の部屋』が大きな財産に」そんなタイトルの記事で、中学3年生の女の子からもらった手紙のことと、万智さん自身の読書への思いについて書かれていた。

その女の子の家には「本の部屋」があるという。「感じのいい、中学生とは思えないようなしっかりした文章は、まちがいなく豊かな読書によるものだろう。何かのために、とか、さし迫って、とかいうのではない読書体験が、彼女の大きな財産になっている」と。それから、万智さんは「今、本は少しお勉強になりすぎているのではないか、と心配している」とも。そして最後に「『読書の習慣』を、子供たちが身につけるきっかけや環境を用意することは、素晴らしい贈り物になるだろう」と結んでいた。

そうだ。私も、そんな「本の部屋」で子どもたちに素敵な贈り物を届けたい。

私も「ことばで人と人をつなげたい」。

そんなことを思って、思い立って。

思い切って園長先生にお願いすることにしたのだった。

けれども、私の経験した図書館という場所は本を読んだり探したりというだけでなく、楽しい経験ができる場所でもあった。子どもと一緒に通っているうちに、図書館では「おはなし会」というものをやっていることを知った。

この「おはなし会」というものを知ったことは、子どもたちに読み聞かせをしようと決断をする本当に大きなきっかけだった。

ここで改めて「おはなし会」に興味を持つようになったいきさつを振り返ってみようと思う。

いつも子どもと通っていた市立図書館には、土曜日の午後から「おはなし会」というものがあった。どうやら30分間おはなしを聞かせてくれるらしい。

よく見ると、絵本のコーナーの隣にある小さな部屋に子どもたちが入っていく。「おはなし会」のことを知りたくて図書館の司書のお姉さんに聞いてみた。すると「満４歳から小学生の子どもさんに素話や絵本を聞いてもらう集まりです。でも、保護者の方は入れないんですよ」と教えてくれた。

時間になって部屋のドアが閉まる。さらに、小窓のカーテンも閉まってしまった。中で何をやってるのだろう、と大人の私の方が興味がわいてしまう。そんな私はこんなことを考えた。

「これは自分の子どもをそのおはなし会に参加させてもらって、その様子を聞き出すしかない」

そこで私は外にいる司書さんに聞いてみた。
「あの……うちの子どもがもうすぐ4歳になるんですが……たぶんおはなしを静かに聞けると思うのですが……おはなし会に参加することはできますか？」
「そうですか。でも、4歳からなので……参加できませんね」
（そこをなんとか……）ともうひと押ししたいところだったけれど、迷惑をかけられない。ぐっとこらえて、子どもが4歳になるのを待つことにしたのだった。もちろん、おはなし会に行けるようになった私の子どもは毎週、毎週通いつめた。

それから、市立図書館では子どものためだけでなく、大人のためのおはなし会もやっていた。
自分ひとりで本を読むのではなく、誰かに読んでもらう、おはなしを聞かせてもらう、そういうことって本当に楽しい時間だということを知った。だから、子どもが幼稚園に入るようになって自分の時間が少しできてから、その「おはなし会」のグループに入ってしまった。
私の身体にしみついているおはなし会の方法、おはなしの選び方、絵本の選び方、読み聞かせの仕方、おはなし会の計画の立て方、などなどたくさんのことはそこで教えてもらったのだった。

さて、「おはなし会」について教えていただいて自分の中に身についていることを簡単にまとめておく[17]。

まず「中で何をやってるのだろう、と大人の私の方が興味がわいてしまう」というこの感覚。これは当然の感覚だったようだ。

「おはなしを聞くことは現実を離れておはなしの世界に遊ぶこと」[18]。秘密めいているこの設定で、子どもたちはおはなしの世界へ ふわあっと入っていくのだろうなあ、と思う。

それからもう一つ。おはなし会のはじめと終わりに秘密の儀式を行うこと。

その一つに「おはなしのろうそく」[19]がある。

話し手は「これは、おはなしのろうそくです。このろうそくにあかりがついたら、おはなしがはじまりますから、静かに聞いてください」と言って、ろうそくに火をともし、おはなしをはじめるのだ。

実際にこの儀式を体験すると、ますます秘密のおはなしの世界へ入り込む気持ちになる。

ただ、現実として本物のろうそくを使うのが難しい場合もあるので、色々な方法を工夫してみると良いと思う。

私は、図書室の所定の位置にみんなが座ったら、すっきりと「みなさんこんにちは。（みんなの表情を静かに見渡して）それでは、これからおはなし会をはじめます」という感じではじめていた。それは、廊下を担任の先生と一緒に並んで図書室に入り、いつもおはなしをきいている場所に座ること、そのことがすでに儀式になっていると考えたからだ。

他にも、「指をろうそくに見立てる」「ベルを鳴らす」など色々と考えられるので、自分にとって気持ちの落ち着くおはなし会のはじめ方で良いのかな、と思う。

幼稚園の図書室はこんなふうにはじまったのだった。

おわりに

私は今から約25年前から９年間、ある私立幼稚園の図書室で子どもたちに絵本の読み聞かせをしていました。当時の私は、出産と子育てに専念したくて教師としての仕事を辞めた時期でした。自分の子どもとともに、母親として色々な経験をしていた時期です。この本に登場する幼稚園はその時にお世話になった幼稚園です。じっくりと過ごした時間は、今も私自身の軸となっています。ありがとうございました。

この本を書きはじめた頃は「楽しかった日々を記録にとどめたい」「その楽しさを誰かに伝えたい」「一緒にワクワクしたい」ということを思っていました。

けれども、書くことが進んでいくうちに、それから、この本を書くために読み返した「図書室日記」や「図書室だより」をじっくり読んでいるうちに、私はあることに気づきました。それは、ことばでたくさんの人とつながっていたのだなあということです。

たとえば、「図書室日記」では自分が感じたことを書くだけでなく各クラスの担任の先生方と、まるで交換日記をしているような時期もありました。担任の先生方には、日々の仕事の忙しい中、私の思いや質問などに付き合っていただきました。本当にありがたかったなあと思います。

もう一つ気づいたことは、図書室をはじめるきっかけの一つとなった、はせみつこさんの「ことばで人と人をつなげたい」ということばのことです。

私もはせさんのように「ことばで人と人をつなげたい」と思っていましたが、それだけでなく、私自身もことばでたくさんの誰かとつながっていたのだということに気づきました。

現在、私は高校で国語を教える教員です。その教員人生には様々な出会いがありました。高校だけでなく、小学校にも中学校にも先生として行ったことがあります。本当に楽しい日々でした。

たくさんの人と出会い、たくさんのことばとの出合いがありました。

感謝のことばしかありません。

そして、この本を読んでくださった方とも、ことばでつながることができたのかもしれません。
ありがとうございます。

さて、最初に絵本の読み聞かせをしたクラスの子どもたちは、もう30歳を過ぎました。そのため、この本に登場する絵本は、最新のものではありません。けれども、長く読み継がれているものです。この本を読んでくださっている方の中には、子どもの頃に読んでもらった記憶や読んだ記憶がよみがえってくる方がいるかもしれません。この本を読みながら図書室にやってくるひとりになってもらえるとうれしいです。

最後になりましたが、この本を書いていた長い間中支えてくださった、編集者の佐藤英明さん、森谷行海さん、梅﨑柚香さん、また、カバーデザインを担当してくださった、くぼあやこさん、大変お世話になりました。ありがとうございました。

子どもに関わるすべての人に、何かを感じていただければ幸いです。

2023年　夏　佐藤聖子

資料編

資料編では、「図書室だより」と「おはなし会」で実際に読み聞かせをした絵本を紹介します。
「図書室だより」を書いたり、「集団への読み聞かせ」をしたりする際の参考にしていただければと思います。

［資料１］図書室だより

図書室での様子をお知らせするために書いていた図書室だよりは９年間で84号までとなりました。
その中から、図書室がはじまった11月からの１年間を書き直してみました。時間の流れを楽しんでいただければと思います。

図書室だよりを書きはじめる時、私から園長先生に「書きたい」とお願いするのと同時に、園長先生からも「書いてください」と言われて、同じ思いでいたことに驚いた記憶があります。
そんな図書室だよりは、図書室で過ごす子どもたちの様子を保護者の方に伝える役割も担っていました。

当時、図書室だよりは手書きで書いていたので、レイアウトを自由に工夫できました。また、絵本の内容や、季節に合わせてイラストも描いてみました。卒園のシーズンには、卒園するクラスと進級するクラスに向けて、子どもたちにも読めるようにひらがなで書きました。

そして、図書室だよりは、子どもたちの様子を伝えるだけでなく、月々選ぶ絵本のカタログにもなりました。

［資料２］月別絵本のカタログ

おはなし会で読んだ絵本を４月から３月まで月ごとに分け、実際に読み聞かせをした絵本をまとめました。対象年齢もあわせて書きましたので、絵本選びの参考にしていただけるとうれしいです。

月ごとの季節に合わせて選んでいた絵本は、子どもたちの１年間の成長に合わせることにもつながっていました。

たとえば、新年度がはじまったばかりの４月は、ワクワク感と不安感や緊張感が混在しているので、そんな気持ちをほぐすことができるような絵本を選ぶようにしていました。また、幼稚園の行事にちなんだものや、季節の移り変わりに関係しているもの、子どもたちに伝えたいことなど、毎回の絵本選びはとても楽しかったです。

現在も続々と新しい絵本が出版されています。子どもたちと一緒に楽しい時間を過ごしてください。

※現在取り扱いのないもの、出版社の変わったものがあるかもしれません。ご了承ください。

※紹介した絵本の仕様はできる限り各出版社の記載通りにしました。

［資料 1］ 図書室だより

＊＊＊＊＊＊＊＊＊＊＊＊＊＊＊＊＊＊＊＊＊＊＊＊＊＊＊＊＊＊＊＊＊

図書室だより

No. 1
11月号

＊＊＊＊＊＊＊＊＊＊＊＊＊＊＊＊＊＊＊＊＊＊＊＊＊＊＊＊＊＊＊＊＊

はじめまして。よろしくお願いします

11月6日（金）から、園内にある図書室がオープンしました。行事のない、ゆったりとできる朝と昼の休み時間に子どもたちは自由に出入りすることができます。

絵本やおはなしを通して、子どもたちは様々なことばを発してくれます。そんな素敵なことばたちを、このおたよりの中で紹介していけたらと思います。

外遊びで楽しいことを発見するのと同じように、絵本やおはなしの中からも自分たちの好きなものを見つけ出してくれたら……と、それが図書室の願いです。

11月のおはなし会より

（月に一度、学年ごとにおはなし会を開きます）

☆今回は自己紹介もかねて、テーマを「なまえ」にしてみました。

年少クラス

◎絵本『三びきのやぎのがらがらどん』

ノルウェーの昔話
絵：マーシャ・ブラウン　訳：せたていじ（福音館書店）

年中クラス、年長クラス

◎詩「なまえのうた」

詩：川崎洋
『しゃべる詩あそぶ詩きこえる詩』
編：はせみつこ　絵：飯野和好（冨山房）より

◎絵本『三びきのやぎのがらがらどん』

ノルウェーの昔話
絵：マーシャ・ブラウン　訳：せたていじ（福音館書店）

　トロルが大きいやぎにやっつけられるところで「すごい……」と声がもれてきます。思わず息をのむ瞬間です。

12月のおはなし会のお知らせ

12月といえば、クリスマス。そうなると、やはりサンタクロースのおはなしかしら……。どうぞ、お楽しみに ☆彡

☆彡：☆彡：☆彡：☆彡：☆彡：☆彡：☆彡：☆彡：☆彡：☆彡：☆彡：☆彡

図書室だより

No. 2
12月号

☆彡：☆彡：☆彡：☆彡：☆彡：☆彡：☆彡：☆彡：☆彡：☆彡：☆彡：☆彡

本格的な冬の到来ですね。おはなし会のはじめに「だいぶ寒くなりましたね」と言うと、一斉に「私の手袋はね、○○色でね……」「ぼくのは△△なんだ」とことばを返してくれます。そのひとときが本当に楽しいです。みんなとても元気です。

12月のおはなし会より（全クラス共通）

◎素話「もぐもぐぱくぱく」

作：櫻井美紀
『子どもたちに語りの世界を—やさしい語りの入門書（子どもの文化双書）』金沢嘉市・上地ちづ子（童心社）より

◎絵本『ぐりとぐらのおきゃくさま』

作：なかがわりえこ　絵：やまわきゆりこ（福音館書店）

子どもたちは絵本の中に出てくるおじいさんのことを

「サンタクロースだよ、あれは、ぜったいに」と口をそろえて言います。でも、絵本の中には一度もサンタクロースということばが出てきません。一体どうしてだろう、と考えながら、素直な心が失われてしまった自分に気づかされ少し反省しました。それでも、やっぱり気になる。

図書室のお客様

12月に入って図書室に新しい仲間が……。
“ゆきだるまくん”と“女の子のお人形”です。
Xmasのポストカードも素敵でした。
みんな気づいてくれたかな。

新しい年にまたお会いしましょう。
楽しい冬休みをお過ごしください。

/

図書室だより

No. 3
1月号

/

「早く、雪が降らないかなあ」子どもたちは寒い冬も大好きです。

さて、今年、この街には雪が降るのでしょうか。

1月のおはなし会より

年少クラス

・絵本『ぼくにげちゃうよ』

年中クラス

・絵本『ぼくにげちゃうよ』、素話「ついでにペロリ」

年長クラス

・絵本『ぼくにげちゃうよ』、『かあさんのいす』

◎絵本『ぼくにげちゃうよ』

文：マーガレット・W・ブラウン　絵：クレメント・ハード
訳：岩田みみ（ほるぷ出版）

子うさぎと母さんうさぎのやりとりでおはなしは進んでいきます。絵の楽しさに子どもたちは大喜びでした。

◎素話「ついでにペロリ」

デンマークの昔話　訳：松岡享子
『おはなしのろうそく６』（東京子ども図書館編）より

ネコが次々と色々なものを食べてしまうおはなしです。ネコが食べてしまったものは、おばあさん、おかゆの入ったなべ、つむじまがりに、へそまがり、とりはまとめて５わ……まだまだ続きます。「えーっ、まだ食べちゃうの？」聞いているみんなのお腹もきっと一杯一杯だったことでしょう。

◎絵本『かあさんのいす』

作・絵：ベラ Ｂ．ウィリアムズ　訳：佐野洋子（あかね書房）

この絵本の中の家族は、大きなびんにたまったお金で、かあさんのいすを買いました。子どもたちだったら何を買うでしょうか。続編に『ほんとにほんとにほしいもの』があります。

～２月のおはなし会もお楽しみに～

＊＋＊＋＊＋＊＋＊＋＊＋＊＋＊＋＊＋＊＋＊＋＊＋＊＋＊＋＊＋＊＋＊＋＊＋＊＋

図書室だより　No. 4　2月号

＊＋＊＋＊＋＊＋＊＋＊＋＊＋＊＋＊＋＊＋＊＋＊＋＊＋＊＋＊＋＊＋＊＋＊＋＊＋

図書室の天窓から何かが落ちてくる……。

実は、ストーブをつけてしばらくすると、天窓に結露ができて、机の上に、ポタッ、ポタッと落ちてくるのです。

“あっ、また落ちてきた”と、しばらくの間、水滴の行方をながめていました。

2月のおはなし会より

全学年共通

◎童謡「10ぴきありさん」「あめふりくまのこ」

『あめふりくまのこ』
詩：鶴見正夫　絵：鈴木康司（国土社）より

この本の中には、戦後に作られた童謡が数多く収められています。“ことばにメロディーがつくと歌になるね”と、みんなで「あめふりくまのこ」を歌いました。

◎絵本『だいくとおにろく』

再話：松居直　画：赤羽末吉（福音館書店）

大工が急流に橋をかけるのをたのまれました。そこへ鬼がやってきて、橋を立派にかけてくれたのですが……。

日本の昔話には、独特の間と雰囲気があります。読んでいる間の張り詰めた空気、次はどうなるのか、という期待から、みんなが一つになるのは、非常に気持ちが良いものです。

ことばと歌　年少児のおはなし会の時のこと。「あめふりくまのこ」を歌い終わると、しばらくして、誰かが「ことりのうた」を手話を交えて歌い出しました。“手話もことばだね”と言いながら、くり返しみんなで歌いました。

絵本の中には「わらべうた」を集めたものがあります。知らないうたでも、いつの間にかリズムにのって歌ってしまうのは、もともと、ことばがメロディーを持っているからでしょう。

昔から伝わるわらべうたを、ぜひ子どもたちに伝えていきたいものです。

+/+

図書室だより No. 5 3月号

+/+

ねんちょうぐみのみなさん　ごそつえんおめでとうございます。
ねんちゅうぐみのみなさん　もうすぐねんちょうさんですね。
ねんしょうぐみのみなさん　もうすぐねんちゅうさんですね。

“みんな　みんな　おめでとう!!”

3月のおはなし会より

全クラス共通

◎絵本『いたずらきかんしゃちゅうちゅう』

文・絵：バージニア・リー・バートン
訳：むらおかはなこ（福音館書店）

読み終えるのに10分以上もかかるこのおはなしを、身をのり出すように聞いてくれていました。木炭画の絵本の中に彼らはどんな色をつけていたのでしょう。

年長クラス

◎詩「生きる」

詩：谷川俊太郎
『子どもたちに贈りたい詩』
著：矢口栄（教育出版センター）より

年長さんの卒園のお祝いに、この詩を選びました。

世界には、生きることさえ、ままならない人たちがたくさんいます。豊かな日本に住んでいると忘れてしまいがちですが、「生きていること」そのこと自体が、素晴らしいことであり、幸福なのだと思います。

本の紹介

◎『サニーのおねがい　地雷ではなく花をください』

文：柳瀬房子　絵：葉祥明（自由国民社）

本を読むことが勉強だけのためであってはならないと思っています。

でも、時には、子どもと一緒に「生きること」や「いのち」について話しながら読んでみることも大切ではないでしょうか。

～楽しい春休みをお過ごしください～

＊～＊～＊～＊～＊～＊～＊～＊～＊～＊～＊～＊～＊～＊～＊

図書室だより

No. 6
4月号

＊～＊～＊～＊～＊～＊～＊～＊～＊～＊～＊～＊～＊～＊～＊

ご入園、ご進級おめでとうございます。

今年度も、たくさんのかわいいおともだちと出会えることを楽しみにしています。

どうぞよろしくお願いいたします。

図書室ノートより

昨年11月からはじまった図書室。その日から、日記をつけることにしました。実は、その最初のページに１枚の新聞コラムを貼り付けています。歌人の俵万智さんが、自身の経験とあわせて、読書の大切さを述べているものです。その中の一節をご紹介します。

今、本は少し「お勉強」になりすぎているのではないか、と心配している。知識や教養を身につけるための読書も、もちろん意義深いものだが、生きる楽しみや娯楽としての読書も、とてもすてきなものだ。そして娯楽のつもりが、いつのまにか教養になっていることも大いにある。　　　（読売新聞 1998年（平成10年）10月31日）

絵本やおはなしなどから得た想像の世界は、大人になってから心のよりどころになると言われています。

図書室でのひとときが、外あそびやおもちゃと同じように子どもたちの夢の世界を広げてくれるように、見守っていきたいと思います。

お知らせ

としょしつは　ただいま　じゅんびちゅうです。
もうしばらく　おまちください。

☆＝☆＝☆＝☆＝☆＝☆＝☆＝☆＝☆＝☆＝☆＝☆＝☆＝☆＝☆＝☆＝☆＝☆

図書室だより

No. 7
5月号

☆＝☆＝☆＝☆＝☆＝☆＝☆＝☆＝☆＝☆＝☆＝☆＝☆＝☆＝☆＝☆＝☆＝☆

5月も今日で終わり。幼稚園での生活にもそろそろ慣れてきた頃でしょうか。図書室はただいま模様替え中です。6月にオープンの予定です。もうしばらくお待ちください。

幼稚園の図書室ってどんなところ？
どんなことをしているの？

開いている時間

・朝…登園してからお集まりまでの休み時間。
・昼…お弁当のあとからお集まりまでの時間。

行事のない日、自由に出入りできます。

おはなし会

月に1回、各学年ごと。（絵本、素話など15分くらい）

図書室だより

月１回発行。絵本の紹介。子どもたちの様子などをお伝えしていきたいと思います。

思い出の本・あんな本・こんな本

子どもと接していると、ふっと自分の子どもの頃はどんなふうに遊んでいたかなと懐かしい記憶がよみがえってきます。今回は失礼して私の中の思い出の一冊を挙げさせていただきます。

◎『ウサギが丘』

作・画：ロバート・ローソン　訳：松永冨美子
（学研）新しい世界の童話シリーズ

ウサギが丘に住む動物たちのおはなしです。小学校低学年の頃、クリスマスプレゼントでもらいました。本の裏表紙に日付が書かれています。よほどうれしかったんですね。

みんなにあえるのたのしみだなあ!!

＊・＊・＊・＊・＊・＊・＊・＊・＊・＊・＊・＊・＊・＊・＊・＊・＊

図書室だより

No. 8
6月号

＊・＊・＊・＊・＊・＊・＊・＊・＊・＊・＊・＊・＊・＊・＊・＊・＊

6月に入って再開した図書室。毎日たくさんのおともだちが来てくれます。自分で本を読む子。「この本読んで」と持ってきてくれる子。楽しみ方は様々です。なかなか、全員の本を読んであげられないのですが、「いつかかならず読むから待っていてね」そのように伝えていただけるとうれしいです。

6月のおはなし会より

◎素話「もぐもぐぱくぱく」

著：櫻井美紀
『子どもたちに語りの世界を――やさしい語りの入門書（子どもの文化双書）』金沢嘉市・上地ちづ子（童心社）より

1、2分の短いおはなし。くまの親子が散歩します。(年少クラスのみ)

◎絵本『ぐりとぐらのえんそく』

作：なかがわりえこ
絵：やまわきゆりこ（福音館書店）
（年中クラス・年長クラス）

◎絵本『かばくんのふね』

作：岸田衿子
絵：中谷千代子（福音館書店）
（全学年共通）

はじめて、おはなし会を経験する子も多かったと思いますが、みんなよく聞いてくれて、うれしかったです。「どれがぐりで、どれがぐら？」「おおきなおしり！」などと、おはなしの流れに合わせて色々な反応を示してくれました。

ことば・ことば「こわいごほんありませんか？　すこーし、すこーしなら、だいじょうぶなの」

ある朝のこと、女の子が２人、私に聞いてきました。夏はやっぱり、ちょっぴりドキドキする本が読みたくなるのですね。今探しています。来週にはあると思います。その日は『どろぼうがっこう』（作・絵：かこさとし、偕成社）を読むことにしました。

☆＝☆＝☆＝☆＝☆＝☆＝☆＝☆＝☆＝☆＝☆＝☆＝☆＝☆＝☆＝☆＝☆＝☆

No. 9
7月号

☆＝☆＝☆＝☆＝☆＝☆＝☆＝☆＝☆＝☆＝☆＝☆＝☆＝☆＝☆＝☆＝☆＝☆

６月から７月にかけて雨の日が大変多かったので、おかげさまで図書室ではたくさんのおともだちとの出会いがありました。

図書室日記より（図書室の様子を日記につけています）

７月８日（木）あさ

今日は、昨日と同様気持ちの良い日。いつも来てくれる女の子がろうかからのぞいていたので、「今日は気持ちが良いから外へあそびに行っておいで」と言う。すると、「うん！」と言ってかけていった。みんな図書室に顔を出してから、外へあそびに行ってくれる。うれしいな。

7月のおはなし会より

今月は、全学年共通で『こんとあき』（作：林明子、福音館書店）を読みました。

あきちゃんという女の子と、きつねのぬいぐるみのこんが電車に乗って、さきゅうまちにあるおばあちゃんのところへ行くおはなしです。

学年ごとに色々な反応があって、とても楽しかったです。が、その様子はヒミツにしておきます。ぜひ、お家でも、読んでみてください。

9月にみんなに会えるのを楽しみにしています。
たのしい夏休みをお過ごしください。

＊＋

図書室だより

No.10
9月号

＊＋

2学期の図書室がはじまりました。

長い長い夏休みの間に、図書室のことを忘れられてしまったかしら、と、少しドキドキしていましたが……はじめのうち、ろうかから「イ・ヒ・ヒ……フフフ……」とのぞきに来ていた子たち。気が付いたら、席いっぱい。いつもの図書室になっていました。

9月のおはなし会より

年少クラス、年中クラス

◎絵本『ぼく、お月さまとはなしたよ』

絵と文：フランク・アッシュ　訳：山口文生（評論社）

ある夜のこと。クマくんはお月さまに誕生日のプレゼントをあげようとおもいつく。

年長クラス

◎絵本『きつねのホイティ』

作：シビル・ウェッタシンハ
訳：まつおかきょうこ（福音館書店）

スリランカの小さな村に住む、アンゴウ、マンゴウ、ランゴウという３人の元気のいいおかみさんと、村はずれの森に住む、くいしんぼうぎつねホイティとのだましあいのおはなし。

としょしつのおともだち（その1）

２学期に入って、図書室に新しいおともだちが仲間入りしました。その名は“地球儀”。今回のおはなし会は、その紹介からはじまりました。

年長児 さすがに色々な国の名前が次々と出てきました。読んだ絵本の舞台となっているスリランカの場所はみんな見えたかな？

年中児 「これ見たことある人！」と言うと「ある！ある！」とみんな元気いっぱい。日本と白くまのいる北極と、ペンギンのいる南極の紹介をしました。

年少児 さすがに、まだ、「ちきゅうぎってなに？」という感じでしたが、くるくるまわるのが楽しかった様子です。

＊／＊／＊／＊／＊／＊／＊／＊／＊／＊／／＊／＊／＊／＊／＊／＊／＊／＊／＊／＊

図書室だより　No.11　10月号

＊／＊／＊／＊／＊／＊／＊／＊／＊／＊／／＊／＊／＊／＊／＊／＊／＊／＊／＊／＊

10月は運動会やおいもほりなど、色々な行事のある楽しい月です。

そんな様子を見ていた私の方まで、なんだかそわそわしていました。

10月のおはなし会より

全学年共通

◎絵本『かいじゅうたちのいるところ』

作：モーリス・センダック　訳：じんぐうてるお
（冨山房）

あるばん、マックスはおおかみのぬいぐるみをきると、おおあばれ。とうとうゆうごはんぬきで、しんしつにほうりこまれた。すると、しんしつににょきり、にょきりと木がはえだして……。

月夜の晩に読んでみたい一冊として、この絵本を選んでみました。もう一度手に取って、絵のこまかいところまで楽しんでいただけたらと思います。

としょしつのおともだち（その2）

絵本もいいけど木の実もおもしろいね。
栗のイガはさわるとイタイヨ！

図書室には“くり”や“からすうり”、“どんぐり”など秋の実がたくさんあります。子どもたちを見守ってくださっている、色々な方から、プレゼントしていただきました。

本の紹介 …秋の夜長にこんなおはなしはいかがですか？

◎『あおい目のこねこ』

作・絵：エゴン・マチーセン　訳：せたていじ
（福音館書店）

むかし、あおい目の元気なねこがねずみのくにをみつけに出かけました。

ことば・ことば　「ねえ（虫の）くもと空のくもとどっちがいい？　わたしは空のくもがいいなあ。でもかみなりさまがいたらどうしよう」
〜『あいうえおの本』（作：安野光雅、福音館書店）を読んでいた時に〜

＊＊＊＊＊＊＊＊＊＊＊＊＊＊＊＊＊＊＊＊＊＊＊＊＊＊＊＊＊＊＊＊

図書室だより
がらがらどん

No.12
11月号

＊＊＊＊＊＊＊＊＊＊＊＊＊＊＊＊＊＊＊＊＊＊＊＊＊＊＊＊＊＊＊＊

図書室は満１歳になりました。

この１年、様々な出会いがあり、「年中だったあの子が……」「年少だったあの子が……」「卒園した子たちは……」「可愛い年少さんたち！」など日々、時の流れを感じています。

11月は不思議な月です。子どもたちの成長が手に取るように感じられます。まるで、木の実がなるように、色々な形や色の実をつけたようです。

これから寒い冬。木の実たちは、土の中でたくさんの栄養を取り入れます。春になって、可愛い、素敵な花を咲かせることができますように。

図書室も、わずかな力ではありますが、彼らの栄養の一つになりたいと思います。

11月のおはなし会より

全クラス共通

◎絵本『三びきのやぎのがらがらどん』

ノルウェーの昔話　絵：マーシャ・ブラウン
訳：せたていじ（福音館書店）

昨年、はじめてのおはなし会の時に読んだ絵本です。

図書室１歳のおたんじょう記念に読むことにしました。

そして、この図書室だよりの名前を「がらがらどん」とつけました。

大きいやぎのがらがらどんが大きなトロルをやっつけてしまうように「どんなことがあっても負けないぞ‼」と心の中に、元気と勇気の種をまきました。

絵本の紹介 ― Xmasにどうぞ ―

◎『サンタさんありがとう……ちいさなクリスマスのものがたり……』

作：長尾玲子　（福音館書店）

もうすぐクリスマスです。しんちゃんはサンタさんに手紙を書きました。

この絵本は“刺しゅう”で絵が描かれています。手芸の好きな方にもお薦めです。

［資料 2］ 月別絵本のカタログ

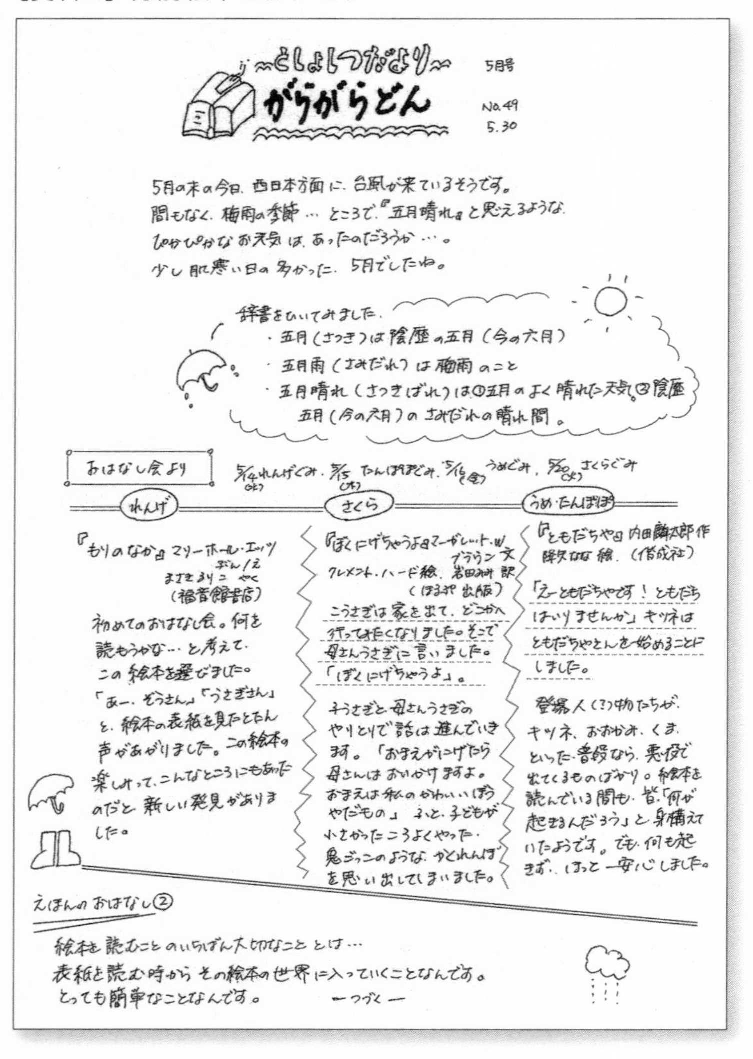

～としょしつだより～

がらがらどん

5月号

No.49

5.30

5月の末の今日、西日本方面に、台風が来ているそうです。
間もなく、梅雨の季節…ところで『五月晴れ』と思えるような
ぴかぴかなお天気は、あったのだろうか…。
少し肌寒い日の多かった、5月でしたね。

辞書をひいてみました。
・五月（さつき）は陰暦の五月（今の六月）
・五月雨（さみだれ）は梅雨のこと
・五月晴れ（さつきばれ）は①五月のよく晴れた天気。②陰暦五月（今の六月）のさみだれの晴れ間。

おはなし会より

5/14（水）れんげぐみ、5/15（木）たんぽぽぐみ、5/16（金）うめぐみ、5/20（火）さくらぐみ

れんげ

『もりのなか』マリー・ホール・エッツ ぶん／え
まさきるりこ やく
（福音館書店）

初めてのおはなし会。何を読もうかな…と考えて、この絵本を選びました。
「あー、ぞうさん」「うさぎさん」と、絵本の表紙を見たとたん声があがりました。この絵本の楽しみって、こんなところにもあったのだと、新しい発見がありました。

さくら

『ぼくにげちゃうよ』マーガレット・W・ブラウン 文
クレメント・ハード絵、岩田みみ 訳
（ほるぷ出版）

こうさぎは家を出て、どこかへ行ってみたくなりました。そこで母さんうさぎに言いました。「ぼくにげちゃうよ」。

子うさぎと母さんうさぎのやりとりで話は進んでいきます。「おまえがにげたら母さんはおいかけますよ。おまえは私のかわいいぼうやだもの」ふと、子どもが小さかったころよくやった、鬼ごっこのような、かくれんぼを思い出してしまいました。

うめ・たんぽぽ

『ともだちや』内田麟太郎 作
降矢なな 絵、（偕成社）

「えーともだちやです！ともだちはいりませんか」キツネはともだちやさんを始めることにしました。

登場人（？）物たちが、キツネ、おおかみ、くま、といった、普段なら、悪役で出てくるものばかり。絵本を読んでいる間も、皆「何が起きるんだろう」と身構えていたようです。でも、何も起きず、ほっと一安心しました。

えほんのおはなし②

絵本を読むことのいちばん大切なこととは…
表紙を読む時からその絵本の世界に入っていくことなんです。
とっても簡単なことなんです。　―つづく―

5月

4月からはじまった幼稚園に少し慣れた頃から、クラスごとのおはなし会をはじめます。そこで、まずは、子どもたちの生活の中にありそうな内容の絵本を選んでみました。

『おふろだいすき』

作：松岡享子　絵：林明子
出版社：福音館書店
初版年月日：1982年4月30日
＊読んであげるなら4歳から 自分で読むなら小学低学年から

『たからさがし』

文：なかがわりえこ　絵：おおむらゆりこ
出版社：福音館書店
初版年月日：1994年3月10日
＊読んであげるなら3歳から 自分で読むなら小学低学年から

『おしゃべりなたまごやき』

作：寺村輝夫　画：長新太
出版社：福音館書店
初版年月日：1972年12月10日
＊読んであげるなら4歳から 自分で読むなら小学低学年から

『ともだちや』

作：内田麟太郎　絵：降矢なな
出版社：偕成社
発売日：1998年１月
＊３歳から

6月号
No.50
7.1

図書室だよりを書き始めて50枚めになりました。お話し会を
始めた時の年長さんは、もう5年生になりました。
新しく見つけた絵本や、毎年繰り返し読む絵本など、
全部で何冊ぐらいになったでしょうか。
これからも、のんびり、ゆっくり、続けていきたいと思います。
どうぞよろしくおねがいします。

おはなし会より

☆たんぽぽぐみ（6/9）、うめぐみ（6/23）

『うんちしたのだれよ』ヴェルナー・ホルツヴァルト（文）、ヴォルフ・エールブルッフ（絵）
関口裕昭（訳）（偕成社）

ある日、もぐらくんの頭に、うんちが落とされたのです。「誰だ！ぼくの頭にウンチを落としたやつは？」もぐらくんは、さっそく犯人をさがしに行きました。

いろいろな動物の"うんち"が出てきます。子どもたちにとっては、どのくらい現実味のあるものなのかな、と思いつつ、読みました。

『Smile』〜My Friend of the Sea〜 井上慎也写真集（東方出版）
難聴の写真家が、心の耳で聞いた「海の声」。ページをめくるたびに、胸がどきどきしてきました。

☆さくらぐみ 6/9

『あめふり』さとうわきこ さく・え（福音館書店）

ずっとずっと、あめがじとじとふっていた。「あめやまないかな。たまにはそとであそびたいよ

梅雨になると、読みたくなる絵本ですが、今まで、まったく気づかなかったことを教えてもらいました。表紙の周りの縁の部分が雨のもようになっているのです。

☆れんげぐみ（6/9）

『ころころ』元永定正さく（福音館書店）
『かばくんのふね』岸田衿子さく・中谷千代子え（福音館書店）
長年読みつがれている絵本です。実は、この絵本、私の中1になる娘が生まれた時に、近所の方から「うちの子が昔読んでいたのよ」と頂いたものです。

えほんのおはなし③
絵本の世界に入っていくと周囲の音が聞こえなくなりませんか…

6月

雨降りの季節に読みたい絵本はたくさんあります。でも、時には雨降りには関係ない絵本を選んで、みんなで笑ったり、切ない気持ちに思いをはせたりしてみました。

『かばくんのふね』

作：岸田衿子　絵：中谷千代子
出版社：福音館書店
初版年月日：1990年 9 月15日
＊読んであげるなら 3 歳から 自分で読むなら小学低学年から

『ぐりとぐらのえんそく』

作：なかがわりえこ　絵：やまわきゆりこ
出版社：福音館書店
初版年月日：1983年 3 月 5 日
＊読んであげるなら 4 歳から 自分で読むなら小学低学年から

『ぞうくんのさんぽ』

作・絵：なかのひろたか　レタリング：なかのまさたか
出版社：福音館書店
初版年月日：1977年 4 月 1 日
＊読んであげるなら 2 歳から

『ピーターのてがみ』

作・絵：エズラ・ジャック・キーツ　訳：木島始
出版社：偕成社
発売日：1974年７月
＊４歳から

『あめふり』

作・絵：さとうわきこ
出版社：福音館書店
初版年月日：1987年９月15日
＊読んであげるなら３歳から 自分で読むなら小学低学年から

『うんちしたのはだれよ！』

文：ヴェルナー・ホルツヴァルト　絵：ヴォルフ・エールブルッフ
訳：関口裕昭
出版社：偕成社
発売日：1993年11月
＊３歳から

『Smile ―井上慎也写真集』

出版社：東方出版
発売日：2001年４月１日

『あえるといいな』

作：ネレ・モースト　絵：ユッタ・ビュッカー　訳：小森香折
出版社：ＢＬ出版
初版年月日：2001年７月20日

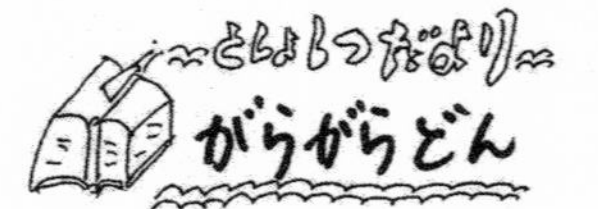

7月号
No.51
7.18

☆ 夏だというのに、涼しい日が続いていますね。
昔、私が子どもだったころ… 日なたに出れば、とても暑くて、
木陰はひんやり涼しくて、夕方には、ざーっと雨が降って、
★ 夜になると、輝く星空が見える、そんな毎日だった
ような気がします。
さて、今年の夏は、どんな夏になるのか、とても楽しみです。

おはなし会より

たんぽぽぐみ 7/17(木) れんげぐみ 7/17(木) さくらぐみ 7/18(金)
うめぐみ 7/18(金)

全クラス共通
『ごちゃまぜカメレオン』 エリック・カールさく、やぎたよしこやく
(ほるぷ出版)

この絵本は、エリック・カールが訪ねた、アメリカやヨーロッパの
国々の子どもたちと一緒に協力してつくられたものです。
カールは、子どもたちと一緒に、大好きな動物が出てくる絵本を
つくっています。動物のいちばん特徴のある部分をかくと、
次にその部分をつなぎ合わせます。ごちゃまぜになれば
なるほど子どもたちは、大喜びです。
動物園で写生をしていた時に、見つけた、にじいろのカメレオンと、
子どもたちとの体験がむすびついて、この絵本は生まれたのです。
(絵本の解説より)

大人の発想だと、なかなか生まれてないような、
不思議な、カメレオンが、登場します。
「こんなカメレオンだったらどうだろう」と
オリジナルの絵本がつくれそうな気がします。

〜楽しい夏休みをお過ごし下さい〜

7月

夏休みには、おじいちゃんやおばあちゃんの家に遊びに行くのかなあ。お祭りに行くのも楽しいね。夏は気持ちがウキウキしてくる。いろんな本を読みました。

『こんとあき』

作：林明子
出版社：福音館書店
初版年月日：1989年 6 月30日
＊読んであげるなら 4 歳から 自分で読むなら小学低学年から

『めっきらもっきらどおんどん』

作：長谷川摂子　画：ふりやなな
出版社：福音館書店
初版年月日：1990年 3 月15日
＊読んであげるなら 3 歳から 自分で読むなら小学低学年から

『もりのなか』

文・絵：マリー・ホール・エッツ　訳：まさきるりこ
出版社：福音館書店
初版年月日：1963年12月20日
＊読んであげるなら 2 歳から 自分で読むなら小学低学年から

『にんじんさんがあかいわけ』

ぶん：松谷みよ子　え：ひらやまえいぞう
出版社：童心社
初版：1989年１月20日

＊２歳から

『ね、ぼくのともだちになって！』

作：エリック・カール
出版社：偕成社
発売日：1991年５月

＊４歳から

『まあちゃんのまほう』

作：たかどのほうこ
出版社：福音館書店
初版年月日：2003年４月10日

＊読んであげるなら３歳から 自分で読むなら小学低学年から

『木いちごつみ』子どものための詩と絵の本より 詩「シーソーにのったら」

詩：きしだえりこ　絵：やまわきゆりこ
出版社：福音館書店
初版年月日：1983年10月20日

＊読んであげるなら３歳から 自分で読むなら小学低学年から

『おっきょちゃんとかっぱ』

文：長谷川摂子　絵：降矢奈々
出版社：福音館書店
初版年月日：1997年８月15日
＊読んであげるなら３歳から 自分で読むなら小学低学年から

『はんぶんタヌキ』

作：長新太
出版社：こぐま社　発行年：1988年
＊年齢の目安３歳から６歳ごろまで

『おやすみハリー』

作：キム・ルイス　訳：もりやまみやこ
出版社：小学館
初版年月日：2003年12月20日

『ごちゃまぜカメレオン』

作：エリック・カール　訳：やぎたよしこ
出版社：ほるぷ出版　発行日：1978年
＊２・３歳から

『うたえほん』より
童謡「しゃぼんだま」「たなばた」

絵：つちだよしはる
出版社：グランまま社　初版：1988年

9月号
No.60
10.1

9月には、大きな台風が日本の南にあり、千葉県にも来るのだろうかと、とても心配でしたが、それ程大きな影響もなかったようで、ほっとしています。
それにしても、自然の力は、すごいなと、ニュースを聞く度に思います。

10月には、楽しみな運動会がありますね。きっと、晴天に恵まれます。
きっと、大丈夫です。

9月のおはなし会より

れんげぐみ 9/24

昔話
『ふくろうのそめものや』 松谷みよ子 ぶん 和歌山静子 え（童心社）
からすの羽の色が黒いのは…本当は、もっと別の色になりたかったのかなあ。からすの羽の色は、初め、白色だったそうです。
むかしむかしの、おはなしです。

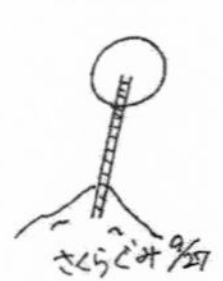

さくらぐみ 9/27

『パパお月さまとって！』 エリック・カール さく もりひさし やく（偕成社）
十五夜の日は、あいにくのくもり空でした。
こんなふうに、お月さまと遊べたら、楽しいな、と思います。
月が大きくなったり小さくなったり、子どもにとって、とても不思議なことなのでしょう。

たんぽぽぐみ 9/24

『ともだちくるかな』 内田麟太郎 作 降矢なな 絵（偕成社）
ともだちシリーズの1冊です。おおかみが ともだちの きつねが、自分のたんじょうびに「おめでとう！」と来てくれると思ったのに、いくら待っても来ない…さびしくて、さびしくて「心なんかいらない」と、心を捨ててしまうと、今度は、うれしいことも、わからなくなってしまいました。
「心があると、かなしいことも感じるけど、うれしいことも感じることができるんだね」と、楽しい内容で、子どもの心に問いかける絵本です。

いつもより、絵がうまく描けたなあ…と一人満足しています。
パソコンが主流の昨今、手がきにこだわるのも良いかな、と
あれこれ楽しませて頂いています。
これからも、よろしくお願いします。

9月

夏休みが過ぎると、子どもたちに成長がみられます。少し長めの絵本に挑戦したり、ことばあそびをしてみたりしてみました。

『きつねのホイティ』

作：シビル・ウェッタシンハ　訳：まつおかきょうこ
出版社：福音館書店
初版年月日：1994年３月25日
＊読んであげるなら４歳から 自分で読むなら小学低学年から

『ぼく、お月さまとはなしたよ』

作・絵：フランク・アッシュ　訳：山口文生
出版社：評論社
発売日：1985年１月
＊幼児～

『どんなにきみがすきだかあててごらん』

作：サム・マクブラットニィ　絵：アニタ・ジェラーム
訳：小川仁央
出版社：評論社
発売日：1995年10月
＊幼児～

『もけらもけら』

文：山下洋輔　絵：元永定正　構成：中辻悦子
出版社：福音館書店
初版年月日：1990年11月30日
＊読んであげるなら２歳から 自分で読むなら小学低学年から

『はらぺこあおむし』

作：エリック・カール　訳：もりひさし
出版社：偕成社
発売日：1976年５月
＊４歳から

『風の子しりとり』

作・絵：とだこうしろう
出版社：戸田デザイン研究室
初版：2001年５月
＊３歳くらいから

『チビねずくんのながーいよる』

作：ダイアナ・ヘンドリー　絵：ジェーン・チャップマン
訳：くぼしまりお
出版社：ポプラ社
発売年月：2000年10月
＊３歳４歳５歳

『ふくろうのそめものや』

ぶん：松谷みよ子　え：和歌山静子
出版社：童心社
初版：1991年６月25日

＊２歳から

『ともだちくるかな』

作：内田麟太郎　絵：降矢なな
出版社：偕成社
発売日：1999年２月

＊３歳から

『くものこどもたち』

さく：ジョン・バーニンガム
やく：たにかわしゅんたろう
出版社：ほるぷ出版
発行年月日：1997年４月

＊４・５歳から

—としょしつだより— 10月号

がらがらどん

No.22
10:31

柿に、おいもに… 10月は、やっぱり食欲の秋？ それとも、秋の夜長に、お気に入りの本を読んでみましょうか？ 青空のもと、思いっきり、スポーツするのも楽しいですね。子どもたちにとっては、どんな秋だったでしょう。

10月のお話し会より

うめぐみ 10/12(木)、さくらぐみ 10/13(金)、れんげぐみ 10/16(月)

『さるとかに』 神沢利子 文 赤羽末吉 絵 (銀河社)

うめぐみ さくらぐみ

おなじみの「さるかに合戦」です。幼稚園の劇でもやったことがあるそうで、知っている子どもたちが、たくさんいました。

読み聞かせの導入に、今回は、柿を用意してみました。さりげなく、私のそばに置いておくと、「そのカキなあに？」と、さっそく男の子の声が。その言葉をきっかけに、絵本の世界へと入ることができました。ありがとう。

☆ 『ぼく、おつきさまとはなしたよ』 フランク・アッシュ えとぶん 山口文生 やく (評論社)

ある夜のこと、クマくんは お月さまに 誕生日 のプレゼントを あげようと 思いつきました。

れんげぐみ

絵本の大きさとしては、小さめですが、くまと月がくっきりと描かれている印象的な絵本です。月とくまが、木霊のように、やりとりをくり返します。「たんじょうびはいつですかぁ」「たんじょうびはいつですかぁ」というように。

☆ 絵本を読む前に、今回は、「とんぼのめがね」を歌いました。まず、メロディをつけずに、詩を読んだのですが、すぐに、わかってしまいました。

おはなし・おはなし

私達も子供の頃、夜眠る時や、お風呂の中で、いろいろな日本の昔話を聞いたことがありますよね。

〜 さぁ、いくつ思い出せるだろう 〜

- ももたろう
- ぶんぶくちゃがま
- こぶとりじいさん
- かぐやひめ

むかしむかし あるところに…

などなど、もっとたくさん思い出せそうです。うたもありますね。

11月のお話し会の予定

11月4日(土) うめぐみ

11月16日(木) さくらぐみ

11月17日(金) れんげぐみ

よろしくお願いします。

11月は図書室のお誕生日の月です。

10月

秋はお月さまがきれいです。まずは月が出てくる絵本を選びます。それから、だんだん夜が長くなってくるので、夢の世界で遊べる絵本を選んでみました。

『かいじゅうたちのいるところ』

作：モーリス・センダック　訳：じんぐうてるお
出版社：冨山房
初版：1975年12月５日
＊幼児から

『さるとかに』

文：神沢利子　絵：赤羽末吉
出版社：銀河社
初版発行：1974年

『ぽんぽん山の月』

文：あまんきみこ　絵：渡辺洋二
出版社：文研出版
発行年月：1985年12月
＊幼児から

『パパ、お月さまとって！』

作：エリック・カール　訳：もりひさし
出版社：偕成社
発売日：1986年12月

＊３歳から

『どろぼうがっこう』

作・絵：かこさとし
出版社：偕成社
発売日：1973年３月

＊４歳から

『ぐりとぐら』

作：なかがわりえこ　絵：おおむらゆりこ
出版社：福音館書店
初版年月日：1967年１月20日

＊読んであげるなら３歳から 自分で読むなら小学低学年から

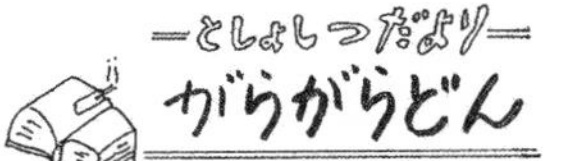

11月号
No.23
11.30

11月6日、図書室は満2才になりました。当時年少さんだった子たちは、もう年長さんです。皆、しっかりしてきたなぁ、と思います。
昨年も感じたことですが、11月は、子どもたちの成長がよく見えます。"まるで木の実がなるように。" そして、"木の実たちは、やがて地中にもぐり、来春まで、たくさんの栄養をとり入れる"、季節の移りかわりと同じように、子どもたちも成長しています。

11月のお話し会より　11/4(土) うめぐみ、11/17(金) れんげぐみ　11/16(木) さくらぐみ

『三びきのやぎのがらがらどん』 北欧民話　マーシャ・ブラウン 絵　せたていじ 訳
(福音館書店)

三びきのがらがらどんという名前のやぎが山の草を食べに行こうとするのですが、途中きみのわるい大きなトロルがいて…

図書室の初めてのお話し会で読んだ絵本です。もう、3度めになるので、どうしようか、と迷ったんですが、今回も、読むことにしました。絵本の紹介をすると、どのクラスも"知ってるよー!"と言うのです。この絵本は、昨年以上に、有名になったものだ、と思ったら、テレビの人形劇でやったばかりだったのですね。"大きくなっても覚えていてね" この絵本のことや、図書室のこと、ぼんやりと、そんなこともあったなぁ、というぐらいで良いから…。そう願っています。

図書室のおともだち

今、皆のお気に入りが、この人形です。ロシアのマトリオシカ人形です。
次から、次へと、人形が出てくるのが、とても楽しくて、飽きません。
最後の1つは こんな感じです。
広げた人形を、また元に戻していくのが、おもしろいです。

…全部で12体入っています。

12月のお話し会の予定

12月2日(土) うめぐみ
12月4日(月) さくらぐみ
12月18日(月) れんげぐみ
〜よろしくお願いします。〜

20世紀も、残すところあと31日。
さて、何しようかなぁ…

11月

この月は図書室のお誕生日の月です。はじめて読んだ絵本を読みました。

『三びきのやぎのがらがらどん』ノルウェーの昔話

絵：マーシャ・ブラウン　訳：せたていじ
出版社：福音館書店
初版年月日：1965年7月1日
＊読んであげるなら4歳から 自分で読むなら小学低学年から

『しゃべる詩あそぶ詩きこえる詩』より 詩「なまえのうた」（川崎洋）

編：はせみつこ　絵：飯野和好
出版社：冨山房
初版：1995年3月10日

『ティッチ』

作・絵：パット・ハッチンス　訳：いしいももこ
出版社：福音館書店
初版年月日：1975年4月25日
＊読んであげるなら3歳から 自分で読むなら小学低学年から

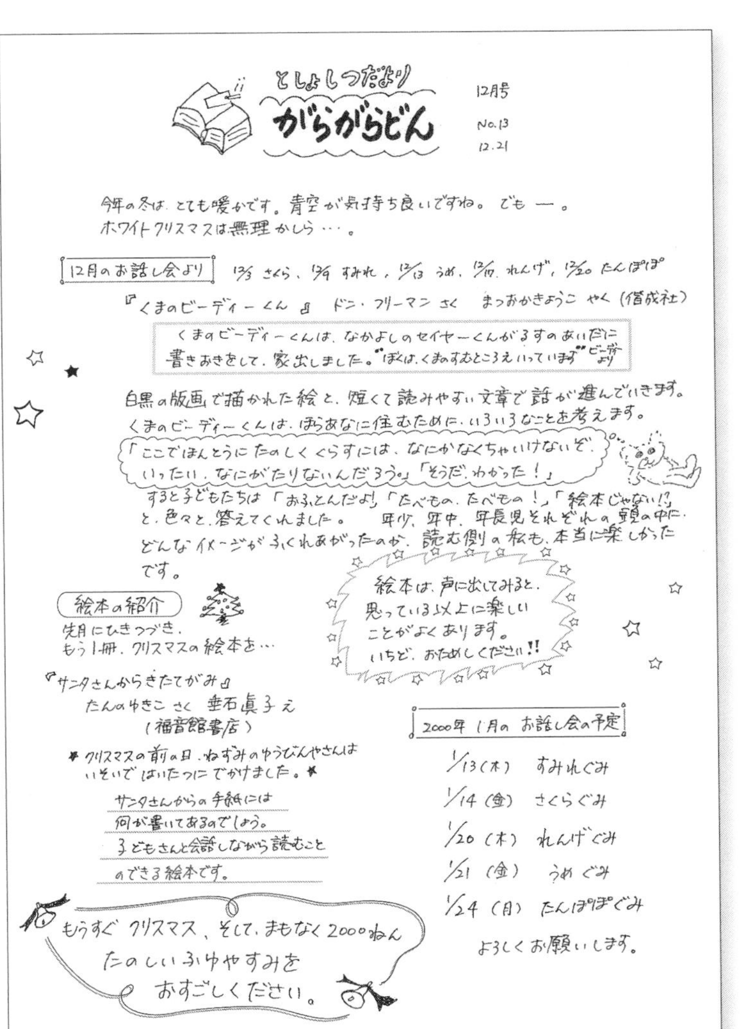

としょしつだより
がらがらどん

12月号
No.13
12.21

今年の冬は、とても暖かです。青空が気持ち良いですね。でも ー。
ホワイトクリスマスは無理かしら…。

12月のお話し会より　12/3 さくら、12/9 すみれ、12/13 うめ、12/17 れんげ、12/20 たんぽぽ

『くまのビーディーくん』 ドン・フリーマン さく　まつおかきょうこ やく（偕成社）

くまのビーディーくんは、なかよしのセイヤーくんがるすのあいだに書きおきをして、家出しました。"ぼくは、くまのすむところえ いっています" ビーディーより

白黒の版画で描かれた絵と、短くて読みやすい文章で話が進んでいきます。
くまのビーディーくんは、ほらあなに住むために、いろいろなことを考えます。
「ここでほんとうにたのしくくらすには、なにかなくちゃいけないぞ。いったい、なにがたりないんだろう。」「そうだ、わかった！」
すると子どもたちは「おふとんだよ!」「たべもの、たべもの！」「絵本じゃない!?」と、色々と答えてくれました。　年少、年中、年長児それぞれの頭の中に、どんなイメージがふくれあがったのか。読む側の私も、本当に楽しかったです。

絵本は、声に出してみると、思っている以上に楽しいことがよくあります。いちど、おためしください!!

絵本の紹介

先月にひきつづき、もう1冊、クリスマスの絵本を…

『サンタさんからきたてがみ』
たんのゆきこ さく　垂石眞子 え
（福音館書店）

★クリスマスの前の日、ねずみのゆうびんやさんは いそいで はいたつに でかけました。★

サンタさんからの手紙には何が書いてあるのでしょう。子どもさんと会話しながら読むことのできる絵本です。

2000年1月のお話し会の予定

1/13（木） すみれぐみ
1/14（金） さくらぐみ
1/20（木） れんげぐみ
1/21（金） うめぐみ
1/24（月） たんぽぽぐみ

よろしくお願いします。

もうすぐクリスマス、そして、まもなく2000ねん
たのしいふゆやすみを
おすごしください。

12月

クリスマスにちなんだ絵本はたくさんあります。子どもたちの想像の世界は膨らみます。

『ぐりとぐらのおきゃくさま』

作：なかがわりえこ　絵：やまわきゆりこ
出版社：福音館書店
初版年月日：1967年６月１日
＊読んであげるなら３歳から 自分で読むなら小学低学年から

『くまのビーディくん』

作：ドン・フリーマン　訳：まつおかきょうこ
出版社：偕成社
発売日：1976年２月
＊３歳から

『ちいさなちいさなサンタクロース』

作・絵：フィリップ・コランタン　訳：のむらまりこ
出版社：佑学社
出版年：1991年

『子うさぎましろのお話』

文：佐々木たづ　絵：三好碩也
出版社：ポプラ社

発売年月：1970年１月

＊３歳 ４歳 ５歳

『ノアのはこぶね』

絵・文：いもとようこ
訳：ピーター・ミルワード
出版社：女子パウロ会
初版発行：2004年４月15日

『ゆめのゆき』

作：エリック・カール　訳：あおきひさこ
出版社：偕成社
発売日：2002年11月

＊４歳から

『クリスマスの夜はしずかにね』

作：ジュリー・サイクス　絵：ティム・ワーンズ
訳：なかおえつこ
出版社：文渓堂
発行年月：1996年11月

＊３歳から

『ねずみのすもう』

文：神沢利子　絵：赤羽末吉
出版社：偕成社
発売日：1983年７月

＊４歳から

『きょだいなきょだいな』

作：長谷川摂子　絵：降矢なな
出版社：福音館書店
初版年月日：1994年８月20日
＊読んであげるなら３歳から 自分で読むなら小学低学年から

『子どもたちに語りの世界を』より
素話「もぐもぐぱくぱく」（櫻井美紀）

編：金沢嘉市・上地ちづ子・子どもの文化研究所
出版社：童心社
発売：1985年７月

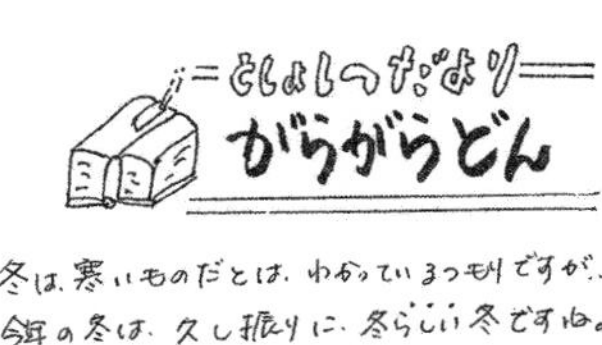

1月号

No. 45
1. 31

冬は、寒いものだとは、わかっているつもりですが…
今年の冬は、久し振りに、冬らしい冬ですね。
早く春にならないかなぁ…。

1月のおはなし会より

れんげぐみ 1/15
『風の子しりとり』
とだこうしろう
（戸田デザイン研究室）

絵本をつかってのしりとりあそびをしました。とても楽しかったです。

すみれぐみ 1/17
さくらぐみ 1/20
うめぐみ 1/28
『てぶくろ』
ウクライナ民話
ラチョフ 絵
うちだりさこ 訳
（福音館書店）

おじいさんが落としたてぶくろの中に、森の動物が次から次へと入っていきます。「えーっ、入るのー？」「もう、だめだよー！」と、ページをめくるたびに、歓声があがっていました。

今回、はじめておはなし会で読んでみました。声に出して、読んでみると、また、今までと違った感じがします。森の中の動物たちと図書室が、ひとつになったような気がしました。

全クラス共通
『ひつじいたらいいな』
作・絵 ミック・インクペン
訳 角野栄子 （小学館）

もしもね、ひつじがいたら…
かみのけとかしてあげる。
はっぱと、ダンス… などなど。

次から、次へと、考えが浮かんできます。

もしも、ひつじがいたら、皆は何がしたいのかなぁー。

1月

新年を迎えて、干支に合わせたり、笑顔になれたり、あたたかな気分になれるような絵本を選びました。

『みんなでぬくぬく』

ぶん：エルザ・ドヴェルノア　え：ミシェル・ゲー
やく：すえまつひみこ
出版社：童話館出版
発行日：1997年
＊３歳から

『だいふくもち』

作：田島征三
出版社：福音館書店
初版年月日：1977年４月１日
＊読んであげるなら３歳から 自分で読むなら小学低学年から

『ずいとんさん』

再話：日野十成　絵：斎藤隆夫
出版社：福音館書店
初版年月日：2005年11月10日
＊読んであげるなら３歳から 自分で読むなら小学低学年から

『てぶくろ』ウクライナ民話

絵：エウゲーニー・M・ラチョフ　訳：うちだりさこ
出版社：福音館書店
初版年月日：1965年11月1日
＊読んであげるなら3歳から 自分で読むなら小学低学年から

『ひつじいたらいいな』

作：ミック・インクペン　訳：角野栄子
出版社：小学館
出版年月：1992年4月

『とんとんとんのこもりうた』

作・絵：いもとようこ
出版社：講談社
発売日：1999年7月9日

『ぼくにげちゃうよ』

文：マーガレット・ワイズ・ブラウン　絵：クレメント・ハード
訳：岩田みみ
出版社：ほるぷ出版
発行日：1976年9月20日（初版は1942年）
＊2・3歳から

『おはなしのろうそく 6』より 素話「ついでにペロリ」

編：東京子ども図書館

『かあさんのいす』

作・絵：ベラ B. ウィリアムズ　訳：佐野洋子
出版社：あかね書房
初版年月：1984年７月

＊就学前から

『ことばのかくれんぼ』（年少版こどものとも 153 号）

作：佐々木マキ
出版社：福音館書店
初版年月日：1989年12月１日

＊２歳から

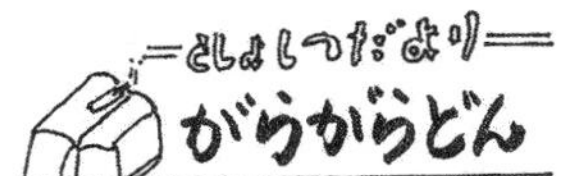

2月号

No.46
2.28

春は、もうすぐそこまで…
コートなしで歩けるようになるのも、あともう少し。

1月のおはなし会より

☆ さくらぐみ（2/10）

この日は、とても暖かだったので、
図書室にある、写真集『ひとしずくの水』を
（ウォルター・ウィック／林田康一訳，あすなろ書房）
鑑賞しました。生活の中にある、まさに、ひとしずくの水。
水道水、やかんの水蒸気、雪の結晶など、皆、楽しんで
くれたようです。

2月は、鬼の出てくる
絵本を、読でいます。

年中クラスは、もう一冊
『だいくとおにろく』
松居直（再話） 赤羽末吉（画）
（福音館書店）

☆ すみれぐみ（2/13）

さくらぐみの時とは、うってかわって、くもり空の寒い日でした。
この日は、北海道に棲む『エゾクロテン ―北の涯にいる森の宝石―』
を鑑賞しました。雪にうもれて、顔だけ出しているところ、雪と遊んで
いるところなど、とても可愛い写真集です。

☆ うめぐみ（2/14）

『じごくのそうべい』作 たじまゆきひこ　桂米朝・上方落語 地獄八景より（童心社）

軽業師のそうべい達が、地獄におくられ、えんま大王の前で、大あばれ。

リズミカルな、上方落語、もっと上手に、読めたらなぁ、と思いつつ、
「くす、くす…」と笑い声が聞こえてきたのがうれしくて、調子に
のって、読んでしまいました。

☆ れんげぐみ（2/17）

『げんきなおにたろう』作・絵 松坂寿一，構成 松岡克信（フクインカン）

『もりのなか』マリー・ホール・エッツ ぶん／え、まさきるりこ やく（福音館書店）

「へえ…」「なんでかな」「それ、なあに？」などなど、
絵本を読むたびに、いろいろなことばがいつもとびかう
楽しいお話し会です。ことばの少ない絵本は、それだけ、
イメージがふくらむんでしょうね。

2月

２月といえば節分。節分と言えば「おに」。おにの出てくる絵本もたくさんあります。

『だいくとおにろく』

再話：松居直　画：赤羽末吉
出版社：福音館書店
初版年月日：1967年２月15日
＊読んであげるなら４歳から 自分で読むなら小学低学年から

『ちびっこちびおに』

文：あまんきみこ　絵：わかやまけん
出版社：偕成社
発売日：1975年１月
＊３歳から

『島ひきおに』

文：山下明生　絵：梶山俊夫
出版社：偕成社
発売日：1973年２月
＊５歳から

『じごくのそうべえ』

作：たじまゆきひこ
出版社：童心社
初版：1978年 5 月 1 日
＊ 3 歳から

『おなかのなかにおにがいる』

作：小沢孝子　絵：西村達馬
出版社：ひさかたチャイルド
発売年：1982年
＊ 4 ・ 5 歳から

『ももたろう』

文：松居直　画：赤羽末吉
出版社：福音館書店
初版年月日：1965年 2 月20日
＊読んであげるなら 5・6 歳から 自分で読むなら小学低学年から

『だごだごころころ』

再話：石黒漢子・梶山俊夫　絵：梶山俊夫
出版社：福音館書店
初版年月日：1993年 9 月30日
＊読んであげるなら 3 歳から 自分で読むなら小学低学年から

『げんきなおにたろう』

作・絵：松坂寿一　構成：松岡克信
出版社：フクインカン
出版年月：1970年７月

『てつたくんのじどうしゃ』（こどものとも年中向き 1969 年 10 月号）

作：わたなべしげお　絵：ほりうちせいいち
出版社：福音館書店
初版年月日：1969年10月１日

＊４歳から

『ちびゴリラのちびちび』

作：ルース・ボーンスタイン　訳：岩田みみ
出版社：ほるぷ出版
出版年月日：1978年８月10日

＊２・３歳から

『あめふりくまのこ』より 詩「あめふりくまのこ」「10 ぴきありさん」

詩：鶴見正夫　絵：鈴木康司
出版社：国土社
初版：2002年

『ひとしずくの水』「知」の絵本シリーズ

写真と文：ウォルター・ウィック　訳：林田康一
出版社：あすなろ書房
初版：1998年
＊小学校低学年～中学生

『エゾクロテン――北の涯にいる森の宝石』富士元寿彦写真集

出版社：講談社
発売日：1995年10月

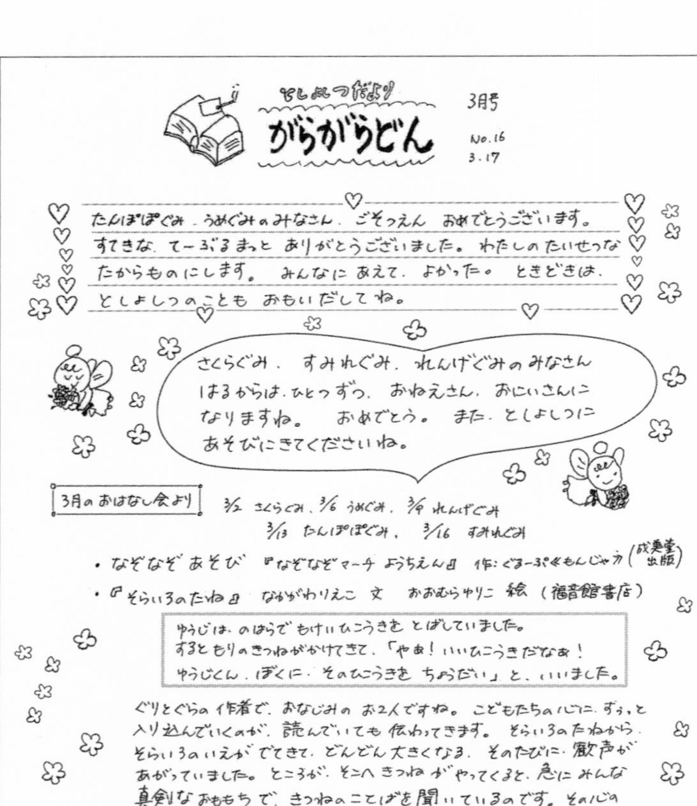

としょしつだより

がらがらどん

3月号

No.16
3.17

たんぽぽぐみ、うめぐみのみなさん、ごそつえん　おめでとうございます。
すてきな　てーぶるまっと　ありがとうございました。わたしの　たいせつな
たからものに　します。　みんなに　あえて、よかった。　ときどきは、
としょしつのことも　おもいだしてね。

さくらぐみ、　すみれぐみ、れんげぐみの　みなさん
はるからは、ひとつずつ、　おねえさん、おにいさんに
なりますね。　　おめでとう。　また、としょしつに
あそびにきてくださいね。

3月のおはなし会より

3/2　さくらぐみ、3/6　うめぐみ、3/9　れんげぐみ
3/13　たんぽぽぐみ、　3/16　すみれぐみ

- なぞなぞ　あそび　『なぞなぞマーチ　ようちえん』　作：ぐるーぷ≪もんじゃ≫（成美堂出版）
- 『そらいろのたね』　なかがわりえこ　文　　おおむらゆりこ　絵　（福音館書店）

ゆうじは、のはらで　もけいひこうきを　とばしていました。
するともりのきつねがかけてきて、「やあ！　いいひこうきだなあ！
ゆうじくん、ぼくに、そのひこうきを　ちょうだい」と、いいました。

ぐりとぐらの作者で、おなじみの　お2人ですね。こどもたちの心に、ずっと
入り込んでいくのが、読んでいても伝わってきます。そらいろのたねから、
そらいろのいえが　でてきて、どんどん大きくなる。そのたびに、歓声が
あがっていました。ところが、そこへ　きつね　がやってくると、急に　みんな
真剣な　おももちで、きつねのことばを聞いているのです。その心の
動きが、とても、素敵でした。

本の紹介

『ガラスのうさぎ』　高木敏子（金の星社）
2000年　2月9日　付の夕刊（読売新聞）に、
近く、より読みやすいよう手を入れた新版が
出る、という記事を見つけました。小学校高学年
以上からです。戦争時代をけなげに生きた
少女の物語です。

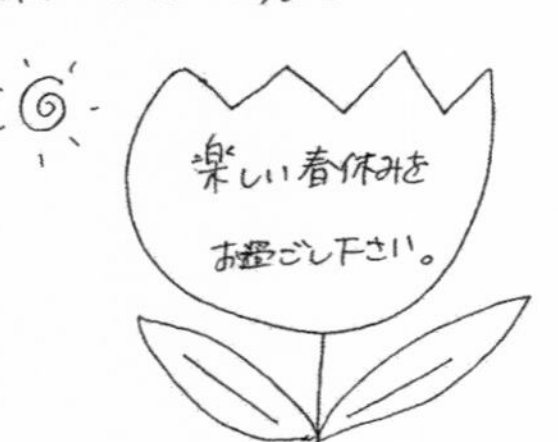

3月

1年間のまとめの月。楽しかったね、という気持ちと、春からの楽しい日々を想像できるように絵本を選びました。

『いたずらきかんしゃちゅうちゅう』

文・絵：バージニア・リー・バートン　訳：むらおかはなこ
出版社：福音館書店
初版年月日：1961年8月1日
＊読んであげるなら4歳から 自分で読むなら小学低学年から

『そらいろのたね』

作：なかがわりえこ　絵：おおむらゆりこ
出版社：福音館書店
初版年月日：1967年1月20日
＊読んであげるなら4歳から 自分で読むなら小学低学年から

『ぐりとぐらとすみれちゃん』

作：なかがわりえこ　絵：やまわきゆりこ
出版社：福音館書店
初版年月日：2003年10月15日
＊読んであげるなら3歳から 自分で読むなら小学低学年から

『幼い子の詩集パタポン①』より
詩「きのうのかぜは」「池のきしべで」

編：田中和雄
出版社：童話屋
発売日：2002年４月

『さかなはさかな』

作：レオ・レオニ　訳：谷川俊太郎
出版社：好学社
発行年：1975年

『ぐりとぐらのおおそうじ』

作：なかがわりえこ　絵：やまわきゆりこ
出版社：福音館書店
初版年月日：2002年２月１日
＊読んであげるなら３歳から 自分で読むなら小学低学年から

『はるなつあきふゆ』

さく：ジョン・バーニンガム　やく：きしだえりこ
出版社：ほるぷ出版
発売年：1975年

『子どもたちに贈りたい詩』より 詩「生きる」（谷川俊太郎）

著：矢口栄
出版社：教育出版センター
出版年月：1995年 7 月

『なぞなぞマーチようちえん』

作：ぐるーぷ（もんじゃ）
出版社：成美堂出版
発売年：1994年

引用・参考文献

1 『どろんこハリー』文：ジーン・ジオン、絵：マーガレット・ブロイ・グレアム、訳：わたなべしげお、出版社：福音館書店、発行日：1964年３月15日

2 『こぶたのぶーぷ』作：西内ミナミ、絵：大友康夫、出版社：チャイルド本社（おはなしチャイルド第85号）、出版年：1982年４月

3 『バーバパパのいえさがし』さく：アネット＝チゾン／タラス＝テイラー、やく：やましたはるお、出版社：講談社、発行日：1975年９月

4 『ピノキオ』ディズニー名作童話館、出版社：講談社、出版年：1987年

5 「ついでにペロリ」『おはなしのろうそく６』に収録、デンマークの昔話、東京子ども図書館編、発行年：1977年

6 ストーリーテリングとも言います。おはなしを覚えて語るので、目の前にいる人の表情がよく見えます。

7 『くだもの』作：平山和子、出版社：福音館書店、初版年月日：1981年10月20日

8 『さるとかに』文：神沢利子、絵：赤羽末吉、出版社：銀河社、出版年：1974年

9 『THE MAGIC POCKET　ふしぎなポケット』詩：まどみちお、選・訳：美智子皇后、絵：安野光雅、出版社：すえもりブックス（現在は文藝春秋より出版）、出版年：1998年

10 『三びきのやぎのがらがらどん』ノルウェーの昔話、絵：マーシャ・ブラウン、訳：せたていじ、出版社：福音館書店、初版年月日：1965年７月１日

11 『ちいさなねこ』作：石井桃子、絵：横内襄、出版社：福音館書店、初版年月日：1967年１月20日

12 「なまえのうた」（川崎洋）『しゃべる詩　あそぶ詩　きこえる詩』に収録、編：はせみつこ、絵：飯野和好、出版社：冨山房、発売日：1995年３月10日

13 はせみつこ（波瀬満子）国内外で長くことばに関わる活動を続けてきました。1993年～1999年にはNHK教育テレビの「あいうえお」にレギュラー出演。テレビ画面を通してことばとあそぶことの楽しさを多くの子どもたちに伝えました。現在、はせみつこさんの多くの業績は「ウリポ・はせ・カンパニー」（https://ulipo-hasse.com/）に引き継がれています。

14 いわむらかずおのシリーズ絵本。ねずみの大家族のおはなしで童心社から出版されています。

15 『島ひきおに』表紙そで「はじめに」より

16 読売新聞　1998年（平成10年）10月31日（土）32ページ

17 「おはなし会」を行うための実際については、『たのしいお話６　話すことⅡ―お話の実際』著：松岡享子、東京こども図書館編（現在はレクチャーブックスとして発行）に詳しく書かれています。

18 同上　27ページ

19 同上　33ページ

〈著者紹介〉
佐藤 聖子（さとう たかこ）
1962年東京生まれ。桜美林大学文学部中国語中国文学科卒業後、都内の私立高校で非常勤講師として勤務。出産をきっかけに千葉県に転居し10年間子育てに専念。その後、千葉県内の公立小・中・高のべ13校で講師として勤務。2011年3月千葉大学大学院教育学研究科学校教育臨床専攻修了。現在、千葉県内の私立高校に教諭として勤務。生徒との関わりの中で「ことば」の大切さについて考え続けている。

ことばをあつめて
――ある幼稚園（ようちえん）の図書室（としょしつ）のおはなし――

2023年10月26日　第1刷発行

著　者　佐藤聖子
発行人　久保田貴幸

発行元　株式会社 幻冬舎メディアコンサルティング
〒151-0051　東京都渋谷区千駄ヶ谷4-9-7
電話　03-5411-6440（編集）

発売元　株式会社 幻冬舎
〒151-0051　東京都渋谷区千駄ヶ谷4-9-7
電話　03-5411-6222（営業）

印刷・製本　中央精版印刷株式会社
装　丁　田口美希

ISBN 978-4-344-94591-3 C0095
幻冬舎メディアコンサルティングＨＰ
https://www.gentosha-mc.com/